[美] 克雷格·尼尔（CRAIG NEAL）
辛西娅·沃尔德（CYNTHIA WOLD）
帕特丽夏·尼尔（PATRICIA NEAL） 著
任伟 译

召集力

引发人们"真实参与"
让集体智慧得以生发

THE ART OF
CONVENING

Authentic Engagement
in Meetings, Gatherings, and Conversations

华夏出版社
HUAXIA PUBLISHING HOUSE

本书赞誉

这本书值得推荐给每一个希望创造有力量的聚会、创建有凝聚力的社群的人。

——大卫·西贝特,《视觉会议》作者

这本书提供的方法简单且深刻,揭示了成为真诚领导者的核心要义。

——理查德·巴雷特,《构建价值观驱动型组织》作者

这本书鼓舞人心且很有实操性。

——布鲁斯·克莱尔,HeartMath 首席执行官

作者提供的方法能够帮助团体、甚至是经常争执的人们在短时间内深入地交流,并能够促使人们积极地承诺。

——迈克尔·雷,斯坦福商学院创新领域教授,
《成功是道选择题:斯坦福人生规划课》作者

很少有人像克雷格和帕特丽夏这样把"召集"这件事情如此优美地描述出来。我希望你不仅仅阅读这本书,还能够把它放到心里去。

——彼得·布洛克,《完美咨询》作者

我们花了很多时间在群体合作上,难道不应该好好琢磨下如何合作才能够更有效、更明智、更深入、更真实的问题吗?

——艾伦·韦伯,《快公司》创作者之一

这是一本超赞的书,它鼓励人们在工作和家庭中与人建立真诚、清晰、重承诺的关系。

——马歇尔·古德史密斯,《习惯力》作者

这本富有洞见的书帮助人们理解如何创造"真实参与"的会议,这样的会议会激发出真实的集体智慧。

——朱安妮塔·布朗和戴维·伊萨克,世界咖啡会谈法联合创始人

当我参照召集力的原则设计我的会议时,人们开始对这场会议充满期待。

——赛西尔·维克托,Berrett-Koehler 出版基金会

当今"干扰"成为常态,导致人们缺乏连接,作者提供了一个创造真实、有意义的人与人的连接。召集力这个模型适合各类群体,也包括线上的聚会。

——罗西 瓦德,《创建生命绽放的职场文化》作者

召集力帮助我把我的初心带入会议室,让我能够更实质性地支持到学校的发展。

——伊琳,帕萨迪纳市华德福学校教学主任

当我们守住初心时,就能够创造一个开放的,带着聆听、信任和爱去行动的空间。

——玛丽·罗斯科,半岛华德福学校联合创始人

召集力通过深度地聆听,允许每个人的心声被听到,并获得彼此透明的

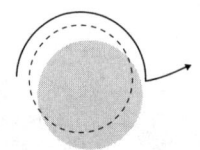

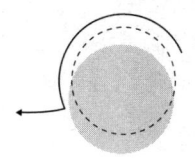

沟通。这个过程能够连接我们彼此,让新的解决方案浮现生成。

——**乔斯林,曾任华德福学校校长 20 年,现任夏威夷大学基金会发展部总监**

我发现召集力在学校组织的家长会、教职工会议中都能发挥很大的价值,参会者感受被激发和赋能,而不是通常会议中出现的负担和疲惫。

——**凯利·莫罗,华德福老师和教学主管**

推荐语

《召集力》让我们对私董会召集人和私董官角色有了更清晰并能够胜任的画像，本书将指引大家进一步提升自己的能力。

——蒋晓捷，人生幕僚私董会小组发起人、阿仁加速器 CEO

这是一本简洁有力、"使众人行"的经典之作。……"召集力"就是说，一切感召的工作，都离不开"心"与"境"之互动。

——陈颖坚（Joey），资深组织发展工作者，《领导者的意识进化》译者

《召集力》是一本兼备独特视角和实践操作的好书，读来暖心温情，能让读者更实操地掌握到聆听每个人心声的具体技巧。

——Clare Chen，博思格中国组织发展负责人

《召集力》用一个有 9 个步骤的技术，使召集人能最大限度地发挥集体的智慧。本书正是 VUCA 时代领导者所需要的。

——方宗贤，德企总经理

如何发生高品质的会议和有深度的对话？《召集力》中的模型和方法让人受用，而更打动人的是关于会议召集者真诚隽永的初心。

——金沙浪，IAF 国际引导者协会 CPF，《世界咖啡》译者

如果我们的管理者想成为动能的逐浪随波追随者，艺术性地引导社群组

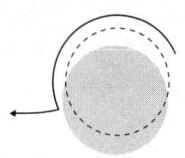

织,就需要拥有召集力。

——高树斌,认证引导师,引导培训师,嗨森教育创始人,
上海爱引导社群的发起和运营人

召集力能让我们带着"赤子之心"有意识地探索自我内核与外延,开启有意义、有方向、有温度的对话,形成心与新的连接。召集力是当今时代重要的领导力之一。

——李政,中航国际商学院执行院长

《召集力》中提到的召集人的内在状态的修炼是最打动我的。

——刘纯杰,启实文化联合创始人

《召集力》提供了一整套简明、有效、易学的方法论,帮助那些想要提升自己召集力的人士,主动与他人建立真诚的关系,以实现共创共享共赢。

——刘磊,中国人力资源管理研究会常务副会长、博士

召集会议,就像给你的每一个会议喷上不同味道的香水。香水的选择不在于召集人自己本身,而是由会议的发心、意图和议题以及被邀请的参与者决定的。

——Leona(刘娜),组织进化教练

召集力教导我们创建高品质对话的场域,使其成为凝聚组织能量、探索战略方向以及推动系统变革的"容器"。

——邝耀均(Simon),简致咨询创始合伙人

《召集力》是难得一读的好书！书中提出的"召集力模型"是一个人人可快速上手且会驱动人们深层沟通和共识的会议工具。期待我们每个人都拥有召集力！

——马成功，原京东大学执行校长，《重新定义组织》《构建学习生态》作者

这本书邀请每一位会议召集人从嘈杂纷乱的边缘不断回归宁静稳定的中心。当召集人和与会人都实现真实的自我连接、与他人真诚连接时，召集人为何召集、人们为何相"会"而"议"的真正意图得以实现。

——梅红，汉源东方组织发展顾问

这本书给了我极好的框架和方法，让我更好地帮助打造企业真高管团队。

——齐晓峰，峰搜企业管理咨询 CEO，米其林大中华区前 SP 总监，蔚来汽车前全球 HRVP

本书从召集者的角度完美阐释了一个谦逊领导者的内在状态。我认为召集力是每一位立志在社群领域拓展事业维度的社群官们个人成长的必修课。

——石敏（敏姐），WorkFace 全球创业者社群社群大使，WorkFace 未来社群研究院创始人

在我推动解决"成长之痛"的十多年里，我都用到了召集力。这本《召集力》提供了简洁的框架和路线图指引你如何做到以使命愿景感召、召唤，汇集众人的智慧。

——唐智晖（Tracy），原京东集团副总裁、现独角兽公司创始人 & 高管教练和常年管理顾问

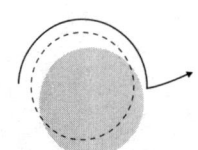

POSITIVE
CHANGE

正向改变

教练 / 引导 · 好书推荐

学习　行动　改变

正向改变

我们是心智成长优质资源的提供者，
积极心态和行动的场域创建者。

正向改变微信平台

获取心智成长更多资源
不仅知道，而且做到！

教练系列

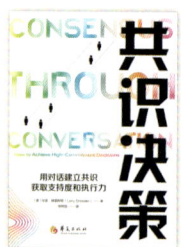

《共识决策》

[美]拉里·德雷斯勒 / 著
张树金 / 译　定价:49.00元

- 筹备共识决策会需要哪些准备
- 完成共识决策有哪些基本步骤
- 如何处理共识决策中产生的分歧
- 阻碍共识决策实现有哪些陷阱要避免
- 提升共识决策能力的 10 个技巧
- 如何实现高承诺的决策

《高绩效团体教练》

[美]詹妮弗·J.布里顿 / 著
李振山 / 译　定价:69.00元

最大化地融合团队成员的能量、经验和智慧，去实现组织目标或者个人目标。

- 什么是团体教练，它是如何定义的？
- 团体教练与一对一教练、心理咨询、工作坊和引导有何不同，如何把控？
- 团队教练过程对组织会产生什么影响？

《健康教练：人类健康的先锋守护者》

[美]玛格丽特·摩尔 埃里卡·杰克逊
鲍勃·坦申恩-莫兰 / 著　徐冰 / 译　定价:98.00元

健康教练实操必备教材、开启中国健康教练领域的新纪元！

如果新一轮全球性传染病再次来袭，我们是否做好了准备？健康教练结合心理和生理需求，以私人订制的方式使你的健康和生命进入最佳状态，让人们最大限度地成为自己健康的主宰！

《你想玩世界游戏吗？》

[加]玛丽莲·阿特金森 / 著
于燕华 马凯 / 译　定价:34.00元

让任务清晰可行，团队高产，成员以高度责任感投入其中。

它创造出自内而外、新生的、愿景驱动的潜能，鼓舞你去寻找更包容、更珍视生命的生活方式！

POSITIVE CHANGE

正向改变

教练 / 引导 · 好书推荐

学习　行动　改变

正向改变

我们是心智成长优质资源的提供者，
积极心态和行动的场域创建者。

正向改变微信平台

获取心智成长更多资源
不仅知道，而且做到！

引导系列

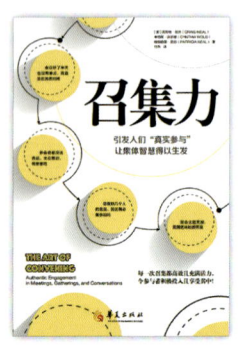

《召集力》

[美]克雷格·尼尔 辛西娅·沃尔德 帕特丽夏·尼尔 / 著
任伟 / 译 定价：69.00元

"听了半天也没有重点，
这个会议简直是在浪费时间"

"参与的人并没有说真话，
全在敷衍应付，这样开会有意思吗"

"每次会议就那几个人讲话，
都是他们的意见，我还有必要参加吗"

避免无效召集，引发人们"真实参与"，让集体智慧得以生发！每一次召集都高效且充满活力，令参与者积极投入且享受其中，这就是召集力！

教练系列

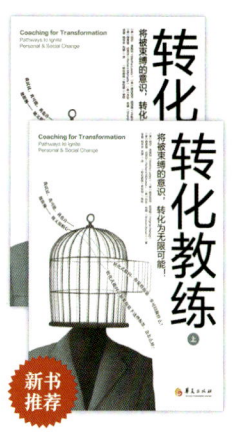

新书推荐

《转化教练》

[美]玛莎·莱斯利
[美]维吉尼亚·凯洛格
[美]理查德·迈克尔 莎伦·布朗 / 著
李夏 杨华京 刘静 / 译   定价：139.00元

重构消极语言，唤醒内在的力量！
将被束缚的意识，转化为无限可能！

觉得自己无可奈何的时候：
把"我不得不 / 我必须……"
转化为："如果可以选择，会怎样？"

当倾向责怪抱怨时：
把"都是XX的错……"
转化为："如果没有人该受责备，那会怎样？"

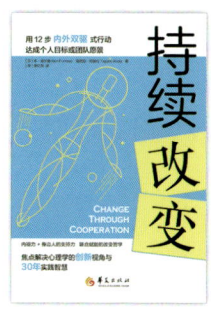

《持续改变》

[芬]本·富尔曼 塔帕尼·阿赫拉 / 著
李红燕 / 译   定价：49.80元

用12步内外双驱式行动，
不断达成个人或团队想要的目标。

基于30年的焦点解决心理学实践，提炼出环环相助的行动方法，重建真正的目标，善用身边人的支持，在关注进展和与他人建立连接的积极状态中不断实现个人改变或团队优化。

教练系列

螺旋动力系列

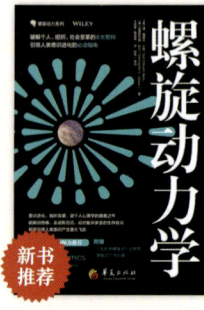

《螺旋动力学》

[美]唐·爱德华·贝克 克里斯托弗·科万 / 著
王莉雯 蔡莹晶 / 译 定价: 159.00元

破解个人、组织及社会变革的8大密码，引领人类意识进化的必读指南！

意识进化、组织发展、超个人心理学的奠基之作，超越旧思维，走进新范式，应对复杂多变的生存状况！

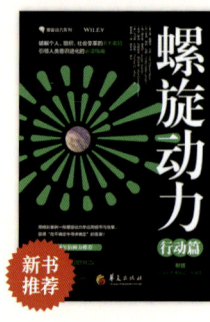

《螺旋动力·行动篇》

[美]唐·爱德华·贝克 [丹]秦迪·赫伯·拉森
[俄]谢尔盖·索洛宁 [南非]黎加·科妮莉亚·维尔乔恩
[美]托马斯·约翰斯 / 著
蔡莹晶 / 译 定价: 149.00元

破解个人、组织及社会变革的8大密码，引领人类意识进化的必读指南！
用精彩案例一探螺旋动力学应用细节与效果，获得在"不确定中寻求确定"的答案！

全套附赠3张螺旋动力全景图

教练系列

埃里克森系列

★ ICF 认证最高级别专业教练培训课程：
《教练的艺术与科学》系列

★ 埃里克森学院创始人及院长，成果导向的教练模型创造者：
玛丽莲·阿特金森经典著作

《唤醒沉睡的天才
——教练的内在动力》

[加]玛丽莲·阿特金森 / 著
古典 王岑卉 / 译　定价：49.80元

畅销书《拆掉思维里的墙》作者古典
倾情翻译并作序
对话中激发思考，跨越旧有障碍，
创造持久性的改变！

《被赋能的高效对话
——教练对话流程实操》

[加]玛丽莲·阿特金森 / 著
杨兰 / 译　定价：49.80元

打破"假共识"，开启"真合作"，
唤醒最强大的行动力
用高效能聆听和提问，洞悉身边真实想法。

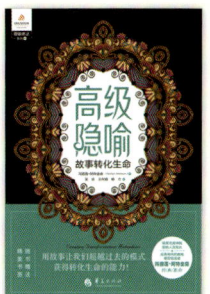

《高级隐喻：故事转化生命》

[加]玛丽莲·阿特金森 / 著
吴佳　王利娟　杨兰 / 译　定价：49.80元

思维中想象出的墙，把生命分割得支离破碎。
超越过去的模式，获得转化生命的能力！
用故事让我们认同并进入，用新方法拓展觉察
并发展感知，最终实现生命获得转化的愿景！

教练系列

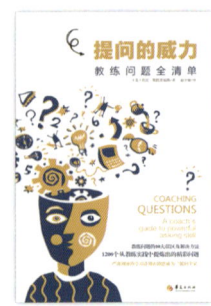

《提问的威力》教练问题全清单

[美]托尼·斯托茨福斯 / 著
赵学敏 / 译 定价：59.80元

教练问题的10大误区及解决方法
1200个从教练实践中提炼出的精彩问题
对于教练来说，最重要的技能就是学会提问。
本书系统化模块化地讲授如何在关键时刻提出好问题！

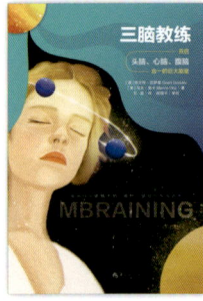

《三脑教练：
开启头脑、心脑、腹脑合一的巨大能量》

[澳]格兰特·苏萨鲁 马文·奥卡 / 著
石蕊 / 译 定价：69.80元

国际行为建模大师
首创三脑统合教练技术

本书的两位作者整合了大量关于三脑的前沿神经科学研究，创立了三脑统合教练技术，通过三脑合一使人的智能处于功能最大化的状态，获得创造力、共情、勇气的平衡。

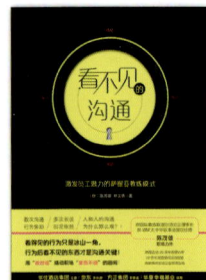

《看不见的沟通：
激发员工潜力的萨提亚教练模式》

（台）陈茂雄 林文琇 / 著 定价：39.80元

你是否知道，看不见的行为背后有看不见的情绪、观点、期待、渴望？
用"新对话"撬动职场"推而不动"的困局！
揭开沟通中被忽略的4要素，
把头疼员工变为得力干将！

引导系列

欣赏式探询系列

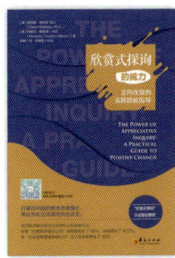

《欣赏式探询的威力:
正向改变的实践技能指导》

[美]黛安娜·惠特尼博士 阿曼达·赛思顿-布伦/著
高静/译　定价:89.00元

"欣赏式探询"认证指定教材

打破盯问题的惯性思维模式,
用优势和正向激发内在改变。

《欣赏式探询团队协作案例集:
21个优势工作坊》

[美]罗宾·斯特拉顿·博克赛尔/著
张树金/译　定价:89.00元

设计"欣赏式探询工作坊"必读教材

VUCA时代下,如何引导团队强劲发展和突破瓶颈呢!改变修补短板或关注问题的传统变革方式,构建激活优势及正向价值的新型变革模式。

《创建欣赏式探询团队:
48个正向提问打造高效能团队》

[美]黛安娜·惠特尼博士 阿曼达·赛思顿-布伦
杰伊·切尼 罗恩·弗莱/著
徐佩贤/译　郝红蔚/校译　定价:68.00元

创建欣赏式探询团队必读教材

48个正向提问,帮你识别团队成员的强项、愿望和梦想。助你依照各自优势,匹配给大家适合且能调动其积极性的角色和责任。打造真正的高效能团队!

《欣赏式探询助你实现高效对话》

[美]杰奎琳·斯塔夫罗斯 切丽·托雷斯/著
于娟娟/译　定价:79.00元

欣赏式探询对话应用必读教材

欣赏的正向+探询的开放,让对话双方敞开心扉,共同创造可能。欣赏式探询带来的高效对话可以创造出新的意象和隐喻,真正改变和影响他人!

教练系列

《共识决策》

[美]拉里·德雷斯勒 / 著
张树金 / 译 定价:49.00元

- 筹备共识决策会需要哪些准备
- 完成共识决策有哪些基本步骤
- 如何处理共识决策中产生的分歧
- 阻碍共识决策实现有哪些陷阱要避免
- 提升共识决策能力的 10 个技巧
- 如何实现高承诺的决策

《高绩效团体教练》

[美]詹妮弗·J.布里顿 / 著
李振山 / 译 定价:69.00元

最大化地融合团队成员的能量、经验和智慧,去实现组织目标或者个人目标。

- 什么是团体教练,它是如何定义的?
- 团体教练与一对一教练、心理咨询、工作坊和引导有何不同,如何把控?
- 团队教练过程对组织会产生什么影响?

《健康教练:人类健康的先锋守护者》

[美]玛格丽特·摩尔 埃里卡·杰克逊
鲍勃·坦申恩-莫兰 / 著 徐冰 / 译 定价:98.00元

健康教练实操必备教材、开启中国健康教练领域的新纪元!

如果新一轮全球性传染病再次来袭,我们是否做好了准备?健康教练结合心理和生理需求,以私人订制的方式使你的健康和生命进入最佳状态,让人们最大限度地成为自己健康的主宰!

《你想玩世界游戏吗?》

[加]玛丽莲·阿特金森 / 著
于燕华 马凯 / 译 定价:34.00元

让任务清晰可行,团队高产,成员以高度责任感投入其中。
它创造出自内而外、新生的、愿景驱动的潜能,鼓舞我们去寻找更包容、更珍视生命的生活方式!

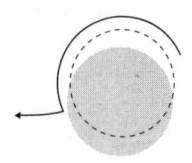

这本书细腻透彻地讲解了如何构建信任开放的场域,让生成性对话得以发生。对引导师、OD 实践者而言,这是一本不可多得的内功心法与实践指南。

——魏欣,滴滴学习发展总监、IAF 认证 CPF

初学《召集力》,我拥有了作为引导师的勇气。再学《召集力》,我意识到召集轮外轮的内容可以千变万化,但内轮的使命与初心却是永恒不变的。三学《召集力》,我发现自己已成为有意识或无意识的践行者。未来,周而复始,万物生长,让我们一起看看会发生什么吧。

——谢隽,上汽乘用车营销高级经理,认证召集力领导者

很欣慰这本书由一位对于对话和召集有着深刻理解和多年潜心实践的朋友——任伟翻译并奉献给大家。

——徐莉俐,麻省理工学院 u.lab 中国首席代表

我们经常缺少真实的参与,缺少使命和初心,缺少让群体安于当下的召集力。从这本精彩的书中,我们将获得解决方案。

——许正,直方大管理创新研究中心创始人

《召集力》的作者从看似简单的会议召集入手,带领读者深入人们的内在,为会议构建融合共创的文化氛围。与其说这是一本教读者如何召集会议的工具书,不如说是一本职场生涯中自我修炼的成长指南。

——叶伟,世界 500 强公司,战略业务拓展总监

2019年,我与"召集力"不期而遇,凭着直觉怀着好奇加入了召集力的学习。刻意练习中,我有了很多新的觉察。

——朱晔,生命与组织教练,认证召集力领导者

召集力是领导力的体现,它能帮助团队建立真诚、有效的合作关系。真诚推荐正在奋勇向前的创业者阅读《召集力》,它将教会你与利益相关者如何实现有效的心灵沟通。

——郭超,金智教育董事长

《召集力》让我看到一种重新对待自己和他人的方式。它仿佛在跟我说:"不要着急,慢下来。相信自己、相信他人。"书中焕发出一种安静的力量,能够让人走出"越努力、越出错"的困境。

——黄鑫,西安欧亚学院通识教育学院副院长

这本书整合了召集的心法和手法,真正打通了召集者的内在状态和外在行动。召集其实是一种建立关系的机会和提升领导力的过程,能培育召集者的领导力。

——张卓娅,欢乐互娱 HRBP,认证召集力领导者,
前兰河戏剧思维工作室联合创始人

《召集力》不仅仅是一本如何开会的工具书。在任何有人群的地方,召集力都是领导者强有力的素养与方法。

——张宏武,正面管教导师,社会情感学习专家

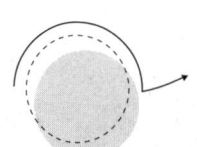

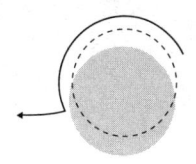

在实践中的体会是,"召集轮"以"术"呈"道",尤其适用于数字化转型背景下教师对课堂教学流程设计的优化,有效提升线上和线下与学员们的优质互动。

——赵可,宁波(中国)供应链创新学院高级主管,认证召集力领导者

召集力是宇宙中神奇的一股力量。它弥散于天地之中,呼唤着我们与之联结。一次次的召集,一次次地看到同行同愿的伙伴在一起交流与共创,我感觉自己的喜悦在倍增,天赋在心中流淌。如果你想绽放天赋,与更多的伙伴分享上天赋予你的独特礼物,见证美好事物在此时此地发生,开启你的召集之旅吧!相信此书的阅读和思考,将在这个旅程中带给你勇气和信心。

韦伟,团队对话教练,奇迹工坊主理人

向所有健康类社群带领人推荐《召集力》,这是社群活动设计的必备模型!让高效的健康话题分享改变传统健康教育模式,助力健康中国!

上海氧梦源健康服务有限公司 CEO 施维

我在生态村的多年社群生活中发现,召集就是力量。现在和未来需要无为而治的领导力,《召集力》也许是许多中心自治组织的社群领导需要读的第一本书。

汪海潮,三生谷生态村/三生谷生态书院 发起人

简单、直接、真诚的沟通一直是有赞践行的方式,《召集力》能够帮助组织打造安全的对话容器,促进人们相互激发。既达成业务共识,又能建立彼此更深入的联结,相互欣赏彼此成就。

有赞首席人才官 Maggie

本书献给世界各地各种会议、聚会的召集人，以及参与过"召集力"培训的学员。

目录

致中国读者	001
推荐序	001
译者序	001
前言	001

第 1 章　联结初心　001

初心是什么	003
召集力模型中最核心的要素：联结初心	003
挑战：保持人与人之间的连接	004
原则：明白"我是谁"，使我能够更加真实地与人对话	005
关键问题	006
如何实践	007
目前我们在召集力模型中的位置	012
本章要点	012
本章的强化练习	013
反思性问句	018

第 2 章　厘清意图　019

什么是意图	021
挑战：心存怀疑	022
原则：意图是行动的基础	023

关键问题	024
如何实践	026
目前我们在召集力模型中的位置	029
本章要点	030
本章的强化练习	030
反思性问句	031

第 3 章　真诚邀请　033

怎样才是真诚邀请	035
热情友好、慷慨和坚定	035
挑战：被拒绝	036
原则：真诚、友好、慷慨都是保持全然在当下的要素	037
关键问题	038
邀请参与者全身心参与	038
如何实践	040
强化我们的真诚	042
目前我们在召集力模型中的位置	043
本章要点	043
本章的强化练习	044
反思性问句	045

第 4 章　澄清背景　047

为什么要澄清背景	049

这次会议的目的是什么	049
挑战：不同的人持有不同的假设	050
风险：假设参与者都清楚会议的背景和目的	050
原则：清晰表达召集人的初心和会议目的	051
关键问题	052
如何实践	052
历史背景的交代：分享起源故事	053
没有做好背景澄清会带来的风险	054
过渡和转换练习（Transition）	055
目前我们在召集力模型中的位置	056
本章要点	057
本章的强化练习	057
反思性问句	060

第 5 章　建造对话容器　　061

为什么要建造对话的容器	063
挑战：召集人不好意思坚持让大家遵守参与原则	064
原则：富有生机的外在环境和清晰、共同认可的参与原则	065
关键问题	065
如何实践	066
外在对话容器：物理空间布置	066
会议场所很重要	067
建造外在容器的实践经验	069

场地空间 070
　　窗户、光线设置 070
　　墙面 070
　　会场的门 071
　　电子媒体产品 071
　　桌椅摆放 071
内在容器 075
　　征询参与原则 076
建造线上会议的对话容器 078
虚拟的篝火 079
参与原则的一些示例 081
目前我们在召集力模型中的位置 082
　　本章要点 082
　　本章的强化练习 083
　　反思性问句 084

第 6 章　聆听每个人的心声　085

每个人的心声都是被需要且被期待的 087

挑战：不耐烦和评判 087

静修营 089

原则：每个人的心声都是被需要的，能够揭示整体参
　　　与中的真实智慧 090

关键问题 091

如何实践 092

深度聆听 093
准备聆听所有人的心声 095
令人喜悦的聆听 096
提出好问题 098
穿宝珠练习 099
目前我们在召集力模型中的位置 101
 本章要点 102
 本章的强化练习 102
 反思性问句 105

第7章 关键对话 107
有意义的对话 109
挑战：自我意识过剩 110
外向和内向的两难 111
原则：有意义的交流能够创造彼此连接、相互依存的整体 112
关键问题 112
如何实践 113
 "让喧闹发生" 114
 此刻需要召集人展现其领导力 114
 信任 116
 彼此真实看见 117
思想领袖研修会 120
 环节的设计 121

目前我们在召集力模型中的位置	123
本章要点	124
本章的强化练习	124
反思性问句	126

第 8 章　共同创造　127

什么是共同创造	129
真实参与是关键	130
挑战：有人不全身心参与	130
原则：生成出之前未曾有过的新事物	132
关键问题	133
如何实践	133
捕捉"共同创造的脉搏"	136
握紧和放手	138
目前我们在召集力模型中的位置	138
本章要点	139
本章的强化练习	140
反思性问句	143

第 9 章　行动承诺　145

我们为什么需要行动承诺	147
挑战：缺乏协调一致	148
原则：协调一致的行动会推动事情朝着大家共同希望得到的结果前行	149

关键问题	150
如何实践	153
对承诺进行重构	156
目前我们在召集力模型中的位置	158
本章要点	159
本章的强化练习	160
反思性问句	163

我们的邀请	165
召集人的工具箱：可用的资源	167
注释	179
术语表	183
推荐阅读	189
从事与对话、召集力相关的优异个人和组织	193
关于作者	201
关于使命领导力中心	205
致谢	207

致中国读者

无论是在公司、组织、俱乐部、社群、家庭里,还是在朋友之间,能够促使人们真实地参与是非常关键的领导能力。这种能力会促进人与人之间建立连接,使人们获得更佳的成果,并让人深度改变。

欢迎大家阅读《召集力》,这本书是论述如何召集人们、护持一个人们"真实参与"的场域。

《召集力》中的很多练习都旨在帮助召集人保持好的内在状态,而内在状态决定了我们如何与他人互动,以及我们如何观察和守护好参与者之间的互动。为什么召集人的内在状态如此重要?

大多数人都想与其他人进行有效,甚至高效的互动。我们参加一个会议,都期待有丰硕的成果。人们想一起做些事情,一起制定计划、达成共识、激发创意、贡献各自的力量。有时人们聚在一起,想庆祝阶段性的成功。

然而我们常常听到的却是"这个会议在浪费时间","这次聚会很无聊","人们并没有说真话","这次电话会议没有用","还是那几个人讲个没完","我不需要参加这个会议"。

这是职场中人们常有的体验。无论是远程会议还是面对面的会议,或是亲友聚会,人们都是脸上带着微笑,内心却不耐烦,不停地看着手表，伺机开溜。

为什么我们会认为一些会议纯属浪费时间呢？为什么一些聚会很无聊呢？为什么人们的谈话平淡乏味？让我们的会议、聚会真正富有意义并收获更好的成果，关键是人们能够"真实参与"。

人们"真实参与"会议，就不会感到疲惫和厌倦。因为"真实参与"会议不再让参与者觉得是组织者在单方面地操控、说服，而是参与者简单、真实地表达自己的所想所感，同时也能够聆听他人的真实感想。

这本书为召集会议、聚会、日常的谈话（一对一或一对多）提供了一套方法和原则，促进人们坦诚、真实地参与活动。这些方法和原则也是领导力发展和个人成长的核心要素，为召集、设计、主持会议（或聚会、谈话）的人提供了一个系统的整合框架。

基于我们的亲身经历和观察，我们发现，对于一场会议或聚会而言，参与者"真实参与"能够产生能量转变。当人们"真实参与"时，参与者会感觉到人与人之间充分连接，自己像被充了电一样，这样会有更好的成果。这种能量的转变会促使人们展开有意义的对话，进而促使人们产生新的想法，也能够使组织者得到大家发自内心的行动承诺。

召集力模型能够帮助会议召集人把引发"真实参与"的原则和实践方法整合在一起，并按照一个自然而然的次序呈现出来，以供召集人灵活使用。

关于如何设计和主持会议的书籍有很多，《召集力》这本书的独特之处在于它既可以独立使用，也可以和其他的方法论、模型结合在一起使用。

我们欢迎大家尝试使用召集力的方法。你可以从最有感觉的部分开始实践。我们希望大家能够从既简单又有力量的"真实参与"中发现其宝贵之处。

我们非常高兴这本书能够让中国读者体验到召集力的魅力。本书译者任伟先生和其他中国的召集力学员一起努力，推动这本书的中文版在中国出版。我们虽有地域和语言上的不同，但我们的人性却是相通的，为此我们心怀恭敬和谦卑。我们也期待未来能够有机会和你有真实的相遇。

克雷格·尼尔

推荐序

时代呼唤召集力

为这本书写序真是我莫大的荣幸。作者克雷格和帕特丽夏住在我的家乡明尼阿波利斯城，我们曾相处过好几个小时。我能够体会到他们对于"召集人们在一起真诚相聚"的使命感。他们把这种使命感带给了我周围的社群，让我们体验到特别的安于当下的感受。他们向我们展现了如何在处理好召集会议的繁杂工作的同时，让人与人能够更完整地相遇、连接。他们带着勇气陪伴和引领我们，保持对我们的公开透明。在整个过程中，他们时而走近我们，时而离远一点给我们空间。大家都非常感激他们的陪伴。

当时两位作者邀请我们围圈而坐，让我们感受和连接自己的内在智慧。他们温和地把我们从快车道引向慢车道，让我们作为召集人，体会"目的"的力量，让我们感受到"召集会议（聚会）"能够给他人的生命和这个世界带来不同。

"召集"是宇宙中一种能够改变生命的强大力量。本书所叙的"召集力"可以追溯到古时候，那时的人们通过召集聚会来团结部落中的所有人，鼓励大家好好生存和展望未来。那时候，人们外出打猎、摘果实、烹饪食物，然后大家就自然而然地聚在一起。诗人艾略特在他的诗歌《岩石》中描写了"召集力"的起源：

"在知识中，我们如何找到失落的智慧？在信息中，我们如何找到失落的知识？"

《召集力》这本书，就是一个可以帮助我们找回我们如今渴望得到的失落的智慧的有用工具。

表面上这本书介绍了一些如何做好"召集会议（聚会）"的工作方法，但这本书最核心的价值不在于此，而在于作者清晰地表达了他们的真诚和心灵状态，让我们感受到作者知行合一、身心合一的状态，而这正是我们在召集会议或聚会时经常忽视的部分。

接受做好召集工作的召唤，需要召集人首先保持真实，要意识到召集人本身就是完整性的体现。我们每个人都是独特的，正如每个人的签名、脚印、手印都是独特的一样。真实地投入到会议中，意味着每个人都意识到自己来这里是要做出贡献的，而这些贡献来自独特的自己，没有其他人能够完全替代。

这本书的一条主线就是拥抱我们自己的心灵。太多的组织只是使用人的理性思维，并把它作为领导力和日常行为的基础。如果只有理性思维的投入，那么这样的组织会阻碍大家全身心地参与。

组织是由一群人相聚而成的，其中不仅仅有理性思维，还有情感和心灵。心灵是人保持真实的能量基础，是让一次聚会、会议成功的力量。当我们能够触碰到人的心灵时，我们能够感受到自己的完整性和生命力。如果我们把自己的心灵和所做的工作、所在的社群分开，就会有缺乏生命力的感觉。《召集力》让我们重建完整的内心，为我们的生活、工作、社群注入活力。

我每年都会阅读很多书，但很久没有遇到过像《召集力》这样触动我如此之深的书了。这本书拨动了我内心深处的那根弦，提醒我每一次聚会都是一次神圣的探险，我们在聚会中的挣扎、努力，会让我们遇见神学家约瑟夫·坎贝尔（Joseph Campbell，《英雄之旅》的作者）所说的"感知到因活着而拥有的狂喜"。

理查德·莱德（《使命的力量》作者）

译者序

大家好，我希望你手上的这本《召集力》能够帮助升级每一次你所召集的会议、聚会，甚至是一对一的面谈。在每一次的召集中，你能够不忘自己的初心，参与者们能够积极地参与、真实地对话，每次都有新的成果产生，而且促进建立开放、信任的人际关系，这会是多么美好的事情啊！

我有十多年和不同团队工作的经历，专注使用团队引导技术（Facilitation），对会议过程进行设计和主持，促进一群人能够群策群力、共识共创。在学习和实践很多不同流派的引导技术之后，我越来越感受到人与人之间"对话"品质的重要性，于是在查阅"对话"的资源时，我发现了召集力（Art of Convening），原文也可以翻译为"召集的艺术"。它用一个清晰简单的结构，把我很多年在团队引导中的实践探索做了一个整合，它是我一直寻求的一个大道至简的模型。

我相信，人与人的每一次相遇、互动，如果进行得恰当，可以实现多个维度的成果：1. 任务目标的达成，2. 促进人与人之间的合作关系，3. 帮助个人认知获得扩展和升级。然而这一切，都需要大家能够真实地参与。如何营造一个真实、安全的对话场域？《召集力》提出了一个内外相合的实践模型，作为一次活动的召集人，有没有真正连接自己的内心？有没有保持与参会者们之间的连接？这对于会议的成效至关重要！

每次给客户做工作坊之前，我都会让自己安静下来，感知我自己的初心：我是谁？我是关注人的身心完整，关注人的成长，关注组织能够为社会创造积极正向价值的；我和参会者彼此的关系是怎样的？我们之间的关系是相互启发、互相学习，我是陪伴者兼催化者，要让我所服务的这群人发现彼此的美好和善意，共同创造有意义的成果。

当我带着这样的起心动念和内心状态去和客户合作的时候，内心多了一份笃定，外在也更加自如的使用不同方法，促进大家展开真诚的对话。如果现场出现冲突和张力，我也提醒自己回到自己的初心，而不是为了维护自己的面子进入到自我防卫状态。

如果你是一位团队领导者，你常常需要有会议召集人的角色，会期盼自己所组织的会议能够高效有成果，这本书提供了一个清晰简洁的会议设计和主持框架，并提出若干决定会议成败的关键原则。

如果你是一位专业人士（组织发展、HRBP、团队教练、培训师等），这套框架也能够帮助你更好的与客户合作，把你以往所学的专业方法可以整合在这个召集力模型中。很重要的是提醒我们不要在工具的使用中忘记自己的初心，在整个过程中能够保持与所支持的团体的连接。

如果你是一个社群领导者、教育工作者，这本书也能够帮助你用心准备自己的每一次活动召集，在社群内引发更有质量的对话和共创。

召集力看似简单，但就像功夫一样，需要平日坚持练习，书的作者克雷格和帕特丽夏是美国使命领导力中心（https://centerforpurposefulleadership.org/）的联合创始人，他们从事召集力的实践和培训也已经15年了，他们践行召集力，推动的不仅仅是某个组织的发展，而是让更多跨界的人士之间产生对话，为让这个社会更加美好贡献力量。他们保持与自己的初心、使命相连的状态，让我感受到他们对人的相信，相信当人们能够真实地聚在一起对话，美好就会发生。2020年，我们也被他们所激励，坚持以"觉醒商业"为主题，持续在线上召集一次次的对话，能够感受到随着一次次的召集，就像涟漪一样，汇聚起越来越多的志同道合者。

目前中国国内现在已经有一批召集力的实践者和认证导师，在中国实践、传播和发展召集力，希望在中国有越来越多人把召集力作为一项必备的领导力来修炼，通过每一次带着初心的会议、聚会，能够给个人、组织、家庭、社群创造更多美好！

也欢迎你和我联系，关注我们的微信公众号，切磋实践召集力，通过对话共创美好。

任伟

召集力认证领导者，团队对话教练，觉醒商业顾问

个人使命：促进对话，共创美好

微信公众号：对话共创美好，觉醒商业

个人邮箱：renwei.china@qq.com

2021年3月

前言

> 召集人的责任就是邀请人们参与，守护好大家的互动

那是一次令人难忘的会议，我是会议召集人，邀请一群女性高层管理者探讨"召集会议"的能力也是一种领导能力。会议一开始，大家都还习惯性地喜欢发表自己的观点。很多人都在目标导向的商业环境里工作，习惯直奔目标和产出，聆听他人和展示脆弱都是不被鼓励和认可的。

作为会议召集人，我做了很多准备工作，既包括外在的会议准备，也包括我自己的内在状态准备。我必须承认，我是有些紧张的，因为大部分参与者从未体验过我们这套召集力的方法。她们在自己的行业中都是非常优秀的领导者，且有各自的成功方法。我能感觉到这次会议会遇到挑战。

我介绍完会议的背景和目的之后，让大家围坐成一个大圆圈。我提醒自己，我的目的是要引发大家真实地参与，放下所有可能干扰这个目的实现的其他动机。接下来我邀请每个人轮流发言，讲一个她们作为领导者要面临的重要问题。在与会者依次发言的过程中，大家的回应越来越深入，我则体验到了为什么我如此热爱这种召集人的工作。

有些共同的主题渐渐浮现出来："我自己如何改变，才能

够带来我希望在组织中发生的改变?""我常常忙于从一个会议奔向另一个会议,但我如何才能和我的同事们建立真诚的关系?""我厌倦了用老方法做事,我不知道有什么新方法?"

在每个人都发过言之后,大多数人对深度探索这些挑战持欢迎的态度。整个房间里的能量一下子高涨起来,对大家有意义的、与个人相关的议题被开启了,尽管还有一些人对这样的会议形式仍有一些不满意。

那天下午,会议上出现了一些争执,我那时候也忽视了自己内心的焦点,偏离了原定的会议议程。当时有个关键的参与者不辞而别,我内心恐慌起来,胃部也感到紧张。"这个团体还能否坚持在一起?我们该如何结束这一天的会议?"

在我多年召集会议的经历里,我遇到过太多团体在会议还未完成既定议程就解散的事情,我知道自己能做的事情就是安于当下。我回到自己的初心和目的上,决定要继续带领大家保持真实参与,暂时搁置对与会者的评判,更重要的是要暂时搁置对自己的评判。于是我带领大家回到当天的议程中,完成了那一整天会议的内容。在这个过程中,参与者的舒适感渐渐增强,集体的智慧渐渐被发掘出来,大家最终有了豁然开朗和开心的感受。这时候大家似乎理解了"在一起真实地对话"的价值。

会议结束时,我们如开始一样围圈而坐,聆听每一个人的心声,虽然还有少数人仍表示怀疑和不爽,但大部分人都表示很感谢这次相聚的经历。

大家的回应中，表达怀疑和不爽的有："这种方法没法在我的公司用，他们会觉得我在胡扯。""这种方法真能够在商业公司中应用吗？"也有非常积极的反馈："我现在有勇气以不同的方式思考并采取行动了。""我的目的就是要创造有意义的会议，让人们能够全情投入。"

当大部分人开始意识到召集会议就是一种领导力时，放慢速度，促进人们真实的参与、真诚地相处，就是召集有意义的会议的核心。

——帕特丽夏·尼尔

通常"召集"（convening）这个词会被当成"引导"（facilitating）的同义词。然而从定义上而言，"引导"偏重于过程性引导，指让事情变得更加容易的过程。而"召集"则是邀请人们聚在一起，守护好大家，让大家处在一个安全的、具有生成性的空间中真实地参与和对话。

> 领导力不再专属某个特殊职位的人，而是每个人都可以拥有的能力。召集人就像社会中被赋予权力的公民，能够引导事情的发生。召集人可以是厨师、木匠、艺术家、环境设计师等等，只不过他们需要一些召集力的培训。只要他们愿意去实践，就可以让一些事情自主发展。
>
> ——彼得·布洛克（Peter Block）[1]

这本书旨在探索如何把人们聚在一起，并让其真实参与。我们相信，只有人们真实地参与，结果才会更好，无论这次聚会是为了获得更多的乐趣、获得更好的收益、取得更多的共识、解决分歧、产生洞见与智慧，还是进行头脑风暴和解决问题。这本书会介绍一些引发真实参与的重要原则和操作方法，很适合要召集会议的各类人士。即使不常召集会议的人，如果你希望发挥你的领导力，这本书也是适用的。

召集力的应用场景

召集力作为一项领导力被开发出来，可以在其他领域应用实施。只要是个召集人，他就会想如何创造机会，促使人们真实参与。召集力不仅适用于工作，也适用于我们的邻里社区、读书会、朋友聚会、家庭聚会或是其他个人聚会。

我先生为我的继子举办了15岁家庭生日会。我们8个人围坐在餐桌边，其中有两位是与我继子同龄的男孩子。那时大家都在闲聊。在我们家，家长使用权威干预孩子常常会被孩子抵触，包括明面上的抵触和暗自较劲。我在想，有没有更加有效的方式能够帮助大家有不一样的互动和连接？当然，这可能要冒些风险。

我先在心里感知了一下我和餐厅里其他人之间的关系。

我明晰了我内心的目的——我是真诚的，我希望把常规的家庭闲聊转变成更加亲密的相处。我要保证自己的动机始终很纯粹，而不是想展示家长的权威，这一点很重要。我就是想引发真实的对话，其他的动机都可以放下。

于是，我向大家征询我们是否可以轮流向我的继子表达对他的欣赏。我的继子马上跳出来明确反对："别这样，我不想要！"

我的提议并没有被采纳，看来我的内心必须得放下这个提议。我愉快地表示："好的。"但我依然保有我内心的目的，那个想表达对我的继子的欣赏的目的依然存在，并没有因此消失。我决定自己去表达，而不要求其他人这样做。于是我真诚表达了对继子的欣赏和生日祝福。其他人就静静地听着，我也放下了对其他人也这样做的期待。

澄清我表达之前的内在目的很重要，它像有了生命一样自己动了起来。接下来另一位家庭成员开始接话："我也有些想表达的欣赏和祝福。"

接下来，房间里的每一个人都向我的继子表达了真诚的欣赏，告诉他喜欢他什么。当大家都讲完了的时候，整个房间里的氛围大不一样了，人与人之间有了更加深入的连接。

这就是来自"召集力"的礼物。

——辛西娅·沃尔德

人际关系技术

召集力的基础是"人际关系技术",如果我们相信人与人之间的每一次互动都是一次真实参与和建立关系的机会,就会引发转变。《召集力》这本书旨在创造机会,让我们的每一次聚会,无论是职场的、社区的,还是关于世界的,都能够有最佳的成果。

我们使用像车轮一样的模型帮助我们理解召集力,指明作为一名召集人,要如何做到"表里一致、内外相合",组织高质量的会议,引发真实的对话。我们会介绍一些个人层面的修炼方法以及会议主持过程中的实用方法。

人的内在历程

召集力模型的外圈描述的是召集人的一些可见的外在行为,包括准备、设计和主持会议。我们发现,召集人的内心也在经历同样的历程。召集人的内心状态非常重要。我们相信,一个优秀的领导者,一个优秀的召集人,其影响力是深深植根于其个人成长经历的。影响力与个人的正直、知行合一的品质相关。当人们能够和自己的内在品质保持连接时,他们的聪明才智就能够在会议主持中得以彰显。

下面我们介绍召集力这个模型。

召集力模型

召集力模型是我们用视觉化方式描述召集人的内在能力和外在能力的模型。我们称召集力模型的中心和外围部分为召集力的9个要素。召集力模型的中心是"联结初心",我们从这里出发,向上顺时针从"厘清意图"进展到"行动承诺"。这个模型也展示了一个积极的人际互动关系的发展历程。

你也许会问:"我真的要经历所有的步骤吗?"如果你是要得到最佳的对话效果,回答是:"是的。"如果你只是想做些局部改进，回答是："不必。"你可以从对你而言最合适的环节开始实践。

尽管我希望这个召集力模型能够被完整地使用，现实中我们还是常常遇到一些临时出现的对话和会议，我们无法针对它们充分准备，甚至也做不了大的调整。

即使是这种情况，召集力也依然能够帮助我们竭尽所能地优化我们涉入其中的对话和会议。每次我们实践召集力，我们就在精进这个习惯。就像开车一样，练习的次数越多，我们的身体和大脑就越能协调地一起工作，越不需要有意识地思考，会越来越熟练。

下面是召集力模型的9个要素和它们的定义：

- 联结初心：我是谁？我和他人的关系是怎样的？
- 厘清意图：让会议目的和我的初心相一致。也可以问自己这个问题：我对这次会议抱有什么目的？这和我的初心有什么关系？我们这些人在一起会成为什么？
- 真诚邀请：发出真诚的邀请，明确会议的目的和我的初心。
- 澄清背景：介绍会议的背景、形式、议程、目的。
- 建造对话容器：建造一个适于交流对话的场域，包括物理环境和心理环境。
- 聆听每个人的心声：每个人都发言并能够被其他人听到，这能让每个人对自己的发言负责，让大家看到真实的彼此。
- 关键对话：在彼此信任的氛围中，展开有意义的对话。
- 共同创造：当对话是基于共同的目标和信任时，新的东西就会被创造和生发出来。

·行动承诺：个人或集体对接下来的行动做出负责任的承诺。

召集力模型把召集会议的所有能力做了一个整合。我们在使用召集力模型外围的每一个要素的时候，不仅要考虑"要做什么"，还要关注自己的"内在状态是怎样的"。

召集力模型的使用也是灵活的。召集人可以根据现场的情况做灵活的调整，而不是严格地一步步执行。就像我们的人生历程一样，我们要时不时按下"重启"按钮，让参与者退回到上一步再次聚焦。作为领导者或召集人，要灵活使用召集力模型，因为人与人的关系本身就是灵活的。

本书共九章内容，每一章分别介绍召集力模型的一个要素。每个要素都起到承上启下的作用，让我们产生召集一次会议的"完整感"。我们会介绍每一个要素的外在呈现和内在状态，介绍每个要素中召集人将面临的挑战、原则、关键问题，方便我们更准确地理解。我们也会对实践场景予以说明，介绍该要素的常用场景。

下面是关于每个要素中的"挑战"、"原则"、"关键问题"的定义：

挑战：在这个要素中，召集人会遇到的主要挑战、障碍是什么？

原则：在这个要素中，需要遵守的基本原则是什么？

关键问题：这个要素中有哪几个能够揭示该要素基本原则的关键问题？

召集力能够帮助参与者创造非凡的、令人满意的成果，它不仅对个人有用，对组织和社群也有意义。本书是写给那些有热情想让人们聚在一起、产生美好结果的伙伴的。

通过阅读召集力的原则和实践讲解，大家能够学习到如何获得持续的、令人满意的结果。召集力不仅仅可以在商业领域应用，还可以应用在非营利组织、社区、家庭和个人人际交往中。

接下来我们会详细介绍每一个要素。我们很感谢你愿意和我们一同踏上"召集人之路"。

克雷格和帕特丽夏·尼尔

第 1 章
联结初心

在与他人的关系中,我是谁

初心是什么

当我们开始召集会议、聚会的时候,准备工作首先从自身开始。如果召集人希望大家能够真实地参与,很重要的是自己首先要"真实",全程做到自己的初心不改。只有这样,召集人在厘清自己和参与者的关系的时候,才能做到言行一致、真诚待人。

> **真实参与**
> 人们能够表达自己真实的所想所感,同时也能够专注地聆听他人真实的所想所感。

召集力模型中最核心的要素:联结初心

连接自己的初心,其实是练习理解我们的人性,以及觉察自己与他人的关系到底是怎样的。这是一个很多人一生都在探索的重大命题。

认识自己是发展领导力的前提。很多领导力书籍、培训都强调了它的重要性。它也是个人成长、灵性成长的基础。如果我们召集会议时不深入自己的内心,就像是做了个没有轴心

> 你越是坚定地在这个世界上走自己的路,越是能慢慢听到你内心的声音:坚定地去做你能做的事,你就能够拯救你的生命,为自己的生命做主。
> ——玛丽·奥立弗[1]

的轮子,不稳固。"联结初心"就是会议召集和主持过程中的稳定剂和校准仪。在整个召集的过程中,我们会时不时回问自己的初心:我和参与者是怎样的关系?

人们大多都有自我反思的习惯,反思对于做好一个召集人而言也是非常重要的。召集人除了要有自我认知,知道"我是谁?",还要反思"我与其他参与者的关系是怎样的?"。这也是召集会议的核心。

挑战:保持人与人之间的连接

在与他人的关系中,我们是选择对他人坦诚相待,还是选择关闭心门?

> 在我们内心,有一条路,召唤我们去探索更多。
>
> 和人们常走的那些路相比,这条路不那么平淡乏味,而是充满了丰富的新的可能,值得我们去探索。
>
> 在这条路上,有很多我们不知道的事物,向我们招手,等待我们去探索。
>
> ——明克斯·鲍瑞恩

在高压力下,人很容易和自己分离。召集力就是召集、聚拢人的艺术,旨在营造出安全的场域,让大家能够真实地投入和参与,使所有人因此受益。每一次的"召集"就是一个人与人连接的入口。如果我们不能够连接真实的自己，与自己的初心连接，那我们如何与他人建立起真诚的连接呢？

"联结初心"的目的就是帮助我们更加清晰和有信心，强化与参与者群体的连接。召集人要能够为参与者营造尽可能安全的对话场域。自己的内在状态准备好，是为明确会议目的、设计会议做好前期的准备。本章的一些练习会帮助我们探索自己的内在，发现自己是谁，进而强化我们与他人的连接。

原则：明白"我是谁"，使我能够更加真实地与人对话

真实参与需要人与人之间坦诚相待。当我们能够对"我是谁"认真反思时，我们就会在与人连接的时候展现真实的自己。如果自己都不能够看到真实的自己，与他人的对话就像是隔着层雾气，看不到完整的彼此。

自我反思为我们与他人连接奠定了扎实的基础。

锻造自己的内心

对话的空间首先建立在召集人的内心。为了我自己，也为了我所服务的社群整体，我需要在我真实的生命与我所宣称的"为了整个社群"之间建立真实的连接。我要真诚地召

集会议,就需要缩小外在的我和内在的我之间的差距,做到表里如一。

在召集一个非常重要的会议之前,我要花几个小时调整我内心的恐惧、假设、希望、自由和限制,调整措施包括正念行走、写个人日记、向伙伴(包括我所召集的团队的成员)咨询等。之后当我步入会场的时候,我能够不紧张地安于当下,主持会场上人与人之间的对话。会前几天或几个小时的内心准备,对我和整个参会群体而言,和在现场主持会议同样重要。

如果我能够建造好我的内在空间,我就能够更有准备地建造好会场的外在的对话空间。如此一来,参与者在这个空间中即使有很大的情绪张力,我也能够从容应对。

——泰利·查普曼[3]

关键问题

- 作为一个人,我是谁?
- 我和他人的关系是怎样的?
- 我的初心是什么?

当我们能够自问这些问题时,我们就会很自然地在内心与自己、与他人建立连接。在这个反思过程中,我们使用的一些正念练习，会让我们思考我们最根本的人性。对这些问题的探询，对召集人本身是非常重要的。厘清自己的重要性，比把这些问题的答案分享给他人更重要。本章最后的练习可以帮助我们用历程性问题，探索自己的内心世界。

通过这些内心的探询，我们体验到"我是谁？"和"我和他人的关系是怎样的？"。当我们理解了我们与他人所建立的关系的实质时，我们的会议（聚会）就多了一份真诚，我们也不是仅仅依靠会议的流程和主持技巧主持会议。这样的内心准备，为建立"真实的人际连接"打下了基础。

正如泰利·查普曼在上面提到的，会前对自己的内心做一下调整是非常必要的，能让内心更加稳定和安于当下，在主持会议的过程中不再焦虑。

如何实践

生活和工作中有很多压力，逼得人们急匆匆地想抓紧时间得到结果。人们常常在时机尚未成熟时就采取行动，而不是花些时间做反思，反思自己与他人的关系是怎样的。在采取行动之前，我们可以让自己慢下来，做一个内心的时机评估，问问自己："我真正想要推动的结果是什么？""何时是采取行动的最恰当时机？"

"联结初心"提醒我们，在这嘈杂的工作生活环境中，我们总容易忘记自己的初心，忘记"我自己是谁？"。

> 真实的领导力就是一个人内在的修炼。
> ——迈克尔·布什[3]

关于如何探索"我是谁",已经有很多可操作的方法,能够帮助我们做到自我审视和自我认知。如果你需要增加一些自我探索的实践练习,有一些古代或现代的自我反思的方法,也能够为你提供帮助。

我们将介绍一些有效的方法:正念冥想、祷告、有觉知的反思、写日记、待在大自然中、沉思。在"联结初心"这个要素中,这些方法都可以用来帮助我们聚焦我们的思维,使我们安于当下,让我们能够带着真实的自己和信心开启召集的旅程。

- 正念冥想:正念冥想或类似的冥想练习能够帮助我们的大脑、身体、情绪放松下来,无论面对什么都能够安于当下,并保持觉知。本章最后会介绍一个正念冥想练习。
- 祷告:祷告让我们与更高维的力量建立连接。有些是基于宗教信仰的祷告,有些就是某种信念系统的祷告。这种沉思式祷告可以帮助我们接近自己的真我。
- 有觉知的反思:无论有多忙,都给自己腾出一些时间,让自己的注意力聚焦在生活、工作中积极的方面,带着感恩和欣赏的态度去反思,这会帮助我们拓展出有生发力的心智模式。
- 写日记:坚持写日记会帮助我们发现自己的智慧。我们可以手写、用电脑或其他设备写。当自己有所触动或自己想做内在探索的时候,我们记录下自己的所思所感。
- 沉思:把我们的注意力完全放在一件事情上,有助于去除其他所有的干扰,把这一件事情想清楚。
- 待在大自然中:让自己沉浸在一个富有生机的自然环境中。大自然就是我们人类的家,让大自然的美和道引导我们去感受自己与生命的连接。

当我们花时间做以上练习的时候,我们就在大脑和内心打开了一个空间,让"初心"浮现出来。我们可以采用不同的练习,直到我们对自己的"初心"有了满意的认识为止。

在以上静心、反思练习的基础上,我们进一步感知我们和参与者之间的关系,会让自己内心准备好,有信心和勇气去迎接新的可能。我们把真实的自我准备好,也为在即将召开的会议中大家能够真实地参与打下基础。这样一来,参与者也能够和召集人建立真实的连接。

"联结初心"是我们整个召集力模型的开端。在这个要素中,我们探索了自己的目的、"我是谁"、"我和他人的关系是怎样的"。每一次与他人的互动都是一个建立交往的机会。如果能够意识到这一点,我们就会在人际交往中有所改变。我们在准备一个希望大家能够全身心参与的会议时,从与自己的内在连接,深思自己与他人的关系开始,这对会议设计和主持都非常有价值。"联结初心"在整个召集过程中扮演着一个核心的角色,把召集力模型中的其他要素整合在一起。

保持真实：呈现房间里的大象

我曾经主持过一个州立社会服务机构的150位管理者参加的会议，会议原本的目的是在1天的外出会议中，大家共同展望5年后的愿景，给出建议、反馈，并能够就当前困难形势下的下一步行动达成共识。会议成果将是可以在该组织上下宣扬的未来5年的愿景描述。

就在会议举办前一周，这个机构做出了一系列关于重大预算削减、人员变动和主讲人员更换的决定。会议仍要按原计划召开，然而我们原有的会议设计已经不可能奏效了。

我该如何应对这一突发的事件及其给参与者带来的情绪压力和各种不确定性？

我先去找人求助，请别人告诉我该做什么才能处理好当前人们各种激动的情绪。我发现我越是向别人寻求答案，越是混沌不清。

会议只剩几天了，我开始有意识地把注意力和能量转回到自己的内心，连接自己的初心。通过独处和做冥想练习，我在内心想象人们成功参与了这次会议有什么成果。这个练习让我能够看到我和其他参与者的真实参与，并能够看到会议一步一步地向前发展。我把想象到的信息写在自己的日记本上。这让我感受到自己想象到的信息是很真切的，我可以与其他人分享这些发现。这样的练习帮助我厘清了"我是谁?""我和他人的关系是怎样的?"。这让我稳定了自己的情绪,并能够想象到这次会议的最佳成果会是什么。我可以与这次会议的其他设计人员一起分享我的想法。

当我能够安于当下的时候,我进一步探索:"我为什么要接这个会议设计和召集的任务?"当我想清楚了这些,内心油然而生的是一份自信,让我有使命感和勇气去面对接下来的未知。

我让自己的内心处在一种不评判的状态,这是我在这次会议中与他人建立关系的重要基础之一。只有自己内心不评判,才有可能促成大家的真实参与。我意识到这次会议要想成功举办,需要坦诚且清晰地谈论机构当前的状况,以及已经采取了哪些措施。

那天一早当我步入会场时,我的直觉告诉我,一切会很顺利。其他会议的设计和执行团队成员也能感受到这股积极正向的能量。我把大家召集在一起,开了一小时的会前会,告诉大家我们有一个很棒的会议设计,那就是我们需要真诚地欢迎参与者,并告诉参与者我们所知道的事实。

这个会议中原本有几个敏感议题(我们称之为"房间里的大象",它是大家不愿提及、视而不见的重要议题),它们包括:预算削减、裁员、大范围的部门解散。在我们的要求下,两位核心主讲人同意开放、坦诚地谈论三个议题:哪些是他们所知的并能够告诉大家的?当前的情况对机构各个部门有什么影响?更重要的是,当前的情况对每个人有什么影响?

在那次会议中,我们选择了与参与者保持开放和坦诚的关系,主讲人也很真诚地表达和投入。所有人都讲出真实的情况。在那个现场,我们感受到乌云渐渐被拨开,压力感也渐渐消散,我们有了更大的对话空间和更多真实的可能,每个人都能够发自内心地促进事态向着更积极的方向发展。整个过程中,大家感受到了"保持真实"的好处。

——克雷格·尼尔

目前我们在召集力模型中的位置

1. 联结初心:我们已经探索了自己的初心,探索了"我是谁?"以及"我和他人的关系是怎样的?"。

我们已经开启了这段会议召集的旅程,马上要进入下一个令人激动的关键要素:厘清意图。

本章要点

挑战:保持人与人之间的连接。在与他人的关系中,我们是选择对他人坦诚相待,还是选择关闭心门?

原则:明白"我是谁",使我能够更加真实地与人对话。

关键问题：

- 作为一个人，我是谁？
- 我和他人的关系是怎样的？
- 我的初心是什么？

本章的强化练习

召集人的检查清单

- 我召集这次会议的目的是什么？
- 我和这次会议是什么关系？
- 我和这次会议的参与者是什么关系？
- 这次会议的目的是什么？
- 这次会议如果成功召开，会是怎样的？
- 我是否准备好安于当下？我有怎样的倾向、判断？我确信会发生什么事？
- 我有没有准备好召集这次会议？如果还没有准备好，为什么？

一些静心练习

正念冥想：选择一个安静、光线暗或柔和的地方，坐在椅子或地板上，闭上眼睛或把目光轻柔地放在一个物体上。把注意力放在你的呼吸上，如果有任何念头在头脑中出现，觉察到后就把它们放下。一开始练习几分钟，逐渐延长时间，到你觉得适合自己为止。如果需要更多的正念冥想练习，请阅读卡巴金的书 *Mindfulness Meditation: Cultivating the Wisdom of Your Body and Mind*。

祷告：我常常通过一个小时的行走祷告来开始我的每一天。这一个小时里的前十五分钟，我大脑中浮现出当天要经历哪些事情，哪些事情会引起我的关注。接下来我的大脑进入一个放下和接纳如它所是的状态。我留意身边的事物，留意我的呼吸，留意我走路的节奏。这时脑海中常常浮现这样的想法：感恩生命，感叹大自然的各种创造，内心有一种踏实的感觉。随着我的内心被打开和身体放松，我会想到一些人，我会带着不紧张的、安于当下的状态感受他们的生命，并从心里把爱送出去。有人将其称之为"代祷"。对我而言，这让我走进内心认识真实的自己，同时也让我真实地面对世界。

——泰利·查普曼[4]

有觉知的反思：

1. 找一个舒适的地方坐着，把自己的双脚放在地板上，双手放在膝盖上。
2. 如果你觉得可以，就请闭上眼睛，或者两眼微闭。留意你的呼吸。

3. 把你的注意力从头脑转移到心脏位置。

4. 想象你是通过你的心脏进行呼吸。你可以把手放在心脏上面，帮助你做这样的想象。

5. 让你的注意力在那里停10秒钟。

6. 请回忆一件让你觉得感恩的人或事，试着再次感知它。

7. 留意你当下的感受。

8. 当你准备好了，就可以慢慢睁开你的眼睛。

沉思：沉思就是找一个自己能够静静独处的地方思考。这对于常常忙碌的人来说并不容易，但这个练习还是非常必要的。20世纪犹太神秘主义者亚伯拉罕·西斯乔（Abraham Heschel）写过这样一句话："在我们忙忙碌碌的生活中，找到一个安静的时间，就像在大海中找到一个安静的小岛，在那里我们能够找到我们自己的尊贵之处。"在自己每天要入睡前，找一个安静的空间，回想当天发生的事，回想什么时候自己内心会有紧张的感觉，什么时候会有焦虑、愤世嫉俗或是恐惧的感觉。给这些经历取个名字，并把它们从心里放下。再有意识地去回忆当天有哪些自己感到平静、喜悦、安于当下的时刻，向它们表达谢意，并让它们在大脑中停留一会儿。每天进行这样的沉思练习，能够帮我们过滤掉对身心可能有害的经历，保留那些对身心有益的体验。

——泰利·查普曼[6]

练习 1：我的核心价值观

准备：做这个练习需要 20 分钟的时间。

找到一个安静的地方，关上门，确保不被打扰。

在你的个人日记本上手写你的日记。

第 1 步：哪些人对你的生命有重要的影响？可以是积极的影响，也可以是消极的影响。

写下他们的名字，以及他们和你的关系。你可以写下为什么他们对你有影响，也可以不写下来。写完之后，对每个人稍作反思，然后进入第 2 步。

第 2 步：你有哪些不可妥协的价值观？它们是你一直坚守的，指引你的工作和生活的价值观。

问自己哪些自己的核心价值观，先写下关键词，感受它们给你带来的感觉。如果你只写得出几条也不必担心。这些对你而言是不可妥协的价值观，反映了你是如何经历你的生命的。

第 3 步：尽快把这些核心价值观与他人分享，以这样的格式表达："在我的生活和工作中，我坚定地相信和看重（你所写下的价值观）。"

第 4 步（非必选）：写一段陈述性的故事，用第一人称"我"来表达，例如："在我的人际关系中，我坚信真诚和爱。我的家庭对我而言是非常神圣的，真理、幽默和玩耍是我日常生活的必需。我的身体是我的殿堂，我要好好照顾它。"

练习 2：个人未来故事创作

个人未来故事创作是一个非常强有力的工具，它可以帮助我们去靠近我们渴望在未来发生的一切。当我们展望未来的时候，我们通常更渴望做出改变，因此会付诸努力，获得实现目标所需的技能。这也可以让我们很好地探索"我是谁？"以及"我和他人的关系是怎样的？"。

如何做：用一页纸写一个关于自己两年后的故事，故事中的你是一名将众人聚集在一起、守护大家参与的召集人。

第 1 步：找一个安静、不受打扰的地方，让自己花 30 分钟进行写作创作。

第 2 步：坐定之后，问自己以下两个有力量的问题：

- 什么是我想在未来创造的？（一条条写下来，包括你想取得的成就和想做出的改变。）
- 为了实现这些，哪些是你需要放下、舍弃的？（列出那些会阻碍你实现愿望的事项。）

第 3 步：想象自己身处 2 年后：你看到的自己是什么样的？你在做什么？以第一人称"我"写下一页纸的故事，例如："我很幸福地和 ××× 在 ×××，我已经做了一个决定……"

有些焦点问句可能对你写这个故事有帮助：

- 作为一名召集人，我如何向别人描述我的故事？

- 在召集的过程中，我和其他人的关系是怎样的？我为什么能够真实地投入？作为召集人，我内心的召唤是什么？

反思性问句

- 我当前与他人的关系是怎样的？我为建立这些关系做了什么？
- 作为一名召集人，我的未来愿景是什么？写下你 2 年后的召集人故事，并列出你要取得的成就和里程碑。描述要具体。

第 2 章
厘清意图

使我们对会议的意图和自己的初心相一致

什么是意图

意图是指我们渴望自己的言行能够对这个世界产生的结果。有时候我们清晰地知道自己的意图，有时候则不然。厘清意图是召集会议中非常关键的要素，是每次会议的基础。

在上一章中，我们提到了"联结初心"，召集人能够反思自己的初心，明晰"我是谁？"以及"我和他人的关系是怎样的？"。现在我们要对一次具体的会议的意图予以厘清，保证会议的意图和我们自己的初心相一致。

> 厘清意图要求带着最大的善意服务每一个人和整个团体，这是我们最基本的标准。意图不只是会议议程的一部分，它为会议提供了一个强有力的基调，能够在会议中回响，吸引所有参与者努力的投入。清晰的意图，能够影响参与者的内在状态。
>
> ——汤姆·赫尔利[1]

我们常常会遇到这样的情况：会议意图不清晰，甚至是混乱或有矛盾的，有时还是不可知的。一旦我们厘清了意图，那些我们不期待发生的意图在会上就难以发挥作用，而我们希望发生的意图就能够吸引和汇聚参与者的能量。

有很多人问："意图和初心有什么区别？"一个简单的回答就是脑和心的关系。"初心"在你的心里，而"意图"则在你的大脑里。你的身体代表了你的初心，也就是你的内在状态。当你厘清了意图以后，你会问自己："我将和大家一起创造出什么？"

挑战：心存怀疑

在"厘清意图"这个要素中，最大的障碍是"心存怀疑"。"心存怀疑"是一种不易觉察的恐惧，会使我们偏离正轨，不能厘清会议的意图。当人们"心存怀疑"时，人们即使内心不满，仍然面带笑容，但注意力却不在会议上，心不在焉。人们有可能认为"内心隐藏的动机"只要不讲出来，就不会对会议产生影响。

很多人际沟通是非语言的。就像音乐出现不合拍的情况一样，当我们的意图和自己的初心不一致的时候，人们即使没有指出这种不和谐，内心也是能够感知到的。这种不和谐让无数的会议在议程设计阶段就已经注定了它们失败的命运。

> 我深层次的目的永远是提供服务，促进人的完整性的提升，并能够践行"去爱人"。我多年来的经验告诉我，为每一次的聚会设定清晰的意图，为自己的每一天设定清晰的意图，能够为我释放出一个能量场。它不仅能促进外在目标的达成，也能促进我内心向着目标前进。
> ——贝利·鲁吉·查迪玛[2]

当我们能够认真地审视自己的意图，且有勇气识别出所有的意图时，我们就能够做出清醒的选择，决定继续还是暂停。当我们能够看清那些我们并不希望实现的意图时，如果我们能够把它们搁置在一边，它们的破坏力就会减弱。当我们能够清晰地沟通我们想要的意图，并让它们和我们的初心保持一致时，我们的意图也会发挥它的威力。我们的意图越强，我们实现它的力量越强。

原则：意图是行动的基础

为了强调这个要素的重要性，我们需要理解自己的意图。无论它是否清晰地表达出来，其他参与者都会将其猜测和解读出来，并基于各自的猜测和解读采取行动。

当我们召集一个会议，或者邀请某些人参加一次聚会时，我们可能会有多重意图，有的意图我们甚至并没有觉察到。我们常常会处在自动驾驶状态，自认为所声明的"意图"对自己和他人都是清晰的。

我们从召集力的实践者那里得到一些案例，证实当召集人的意图中有些自相矛盾的内容或者未讲出来的动机时，这些召集人并没有在意识层面觉察到。但他们最终发现，会议的失败有时就是意图没有厘清造成的。

有一个召集力学员分享了她的案例。在一次会议中，她给了同事一个善意的反馈，结果招致她的同事非常愤怒的反应。事后她承认，她和那位同事之前有一些过节，尽管她无意伤害对方，但是她的反馈并没有被对方理解为是善意的。她对"厘清意图"

有个反思：如果她和这个同事的对话沿着原定的意图进行，就会很顺利，也会改善他们之间的关系；但她把"试图帮助对方"这个意图也掺杂进去了，结果反而把事情搞砸了。

厘清意图是让我们有能力识别并澄清会议的意图，这个意图也和我们的初心相一致。当我们厘清了意图，我们就可以在自己和他人的内心中唤醒能量，并使能量聚焦，这样会更容易让会议成功。

关键问题

- 我的意图是什么？
- 我的意图和我的初心是否一致？
- 我是否有其他干扰性的意图或动机，需要我放在一边？
- 我们在一起会成为什么？

> 非常重要的是我们对未来的想象和灵感、"我们能行"的态度、卷起袖子大干一场的态度，未来也能听到我们正在向它而去。我们能够穿透迷雾，看到更高的目标。我们的背包里装满了我们的决心、天赋和感恩，这些都是帮助我们创造新的可能的积木。
>
> ——明克斯·鲍瑞恩[3]

这些关键问题帮助召集人与自己的内在状态建立连接。通过对"我们是谁？我们如何相处？"的反思,我们清楚了会议的意图,会议的设计因此就变得容易了。第3个要素"真诚邀请"就是对"厘清意图"的延续,旨在向被邀请者讲清楚会议的意图和召集人的初心。

如果会议的意图是模糊不清的,甚至模棱两可的,就可能导致会议邀请无法打动人,甚至会让被邀请者有所抵触。

荒野中的父子情

我从小就非常喜欢在荒野中旅行。当我的儿子们到了合适的年龄时,我就想带他们到明尼苏达州北部的边境泛舟露营。这是父与子的旅行,我们将置身于荒野的美丽与孤独中。这种经历会让我们从忙碌的城市生活中脱离出来,更新我们的身心和大脑,更重要的是能够改善我们彼此之间的关系。围坐在篝火边,我们能够成为朋友、成为知己,能够更信任彼此、更亲密,而这些也是我们之前并不知道的。

为了实现这些,我需要好好整理下我为自己和儿子们安排这次旅行的真实意图。看上去似乎没有必要为这次旅行做内在的准备:"他们是我的儿子,我说去哪,大家去就好了。"很多家庭旅行就是这样被安排的。然而我聆听了我的初心:我希望这次旅行能够给我和儿子们带来加强连接的体验。我要花些时间思考这个意图。

那时候我虽然还没有发展出召集力模型,但我能够感受到我的意图中有什么东西非常强大,能给我带来行动的力量。

当我深入思考我的意图时，我惊讶地发现，其他的动机也浮现出来了。我的主要意图是和我的初心相一致的，那就是要和儿子、和自己建立更好的关系。让我惊讶的是那些我并没有意识到的其他意图也存在着：向儿子们展示我的野外生存技能；向他们传授一些野外生存的方法；希望他们对大自然的美景也心怀热爱。这些都是挺好的意图，但我必须把它们放下，搁在一边，这样我这次旅行的焦点才能汇聚在我那个最重要的意图上：改善我与儿子们之间的关系。我那时候就是无意识地使用了"厘清意图"。

当我清楚了自己的主要意图，再意识到其他的意图就把它们搁置下来，这样无论是外在还是内在，我都准备好了让"改善关系"变得可能。

厘清意图之后，我就能够接纳和放下旅途中的各种想法。我不会在意儿子们划船是否到位，也不会在意他们是否像我一样热爱荒野的美景。我之所以能够做到这些，就是因为我知道我最需要实现的意图是什么，这样我就能够免受其他意图的干扰。

这次旅行的结果比我预想的要好很多，我和儿子们的关系得到了很大的改善。

——克雷格·尼尔

如何实践

我们有着太多看似重要实为干扰，最终导致会议陷入混乱的体验。如果我们能够在"厘清意图"这个环节做得足够扎实，我们就能清晰地知道什么对于这次会议是最重要的，我们就能免受干扰，内心始终铭记会议的意图。以在大海里航行为例，当我们被干扰因素（例如风浪）影响时，我们能够重新启动定位系统，导航到驶向目的地的航道上。如若不然，我们可能遭遇原定去美国，最后却被风刮到了新西兰的窘境。

一个非常重要的意图，就是要引发人们真实地参与。召集人把这个意图放在心中，就能帮助自己更好地守护大家。

为了厘清意图，我们需要识别出非主要意图或动机，这要求我们能够审视自己的内心，筛选出那些我们不想要的或不需要的。在克雷格·尼尔所讲述的和儿子们的荒野旅行经历中，他承认自己有其他意图并愿意放下，让这些非主要意图不干扰自己。这是一个非常重要的练习！这能够帮助他和儿子们在旅途中朝着"改善关系"的方向前进。

让自己处在自我反思的状态是很难的，需要我们有耐心，深入感知自己的内心。这能帮助我们清楚自己内心的真正意图。如果我们能够加大人们参与的深度，增强人们参与的有效性和耐心，不至于快速陷入不成熟的结论中，那么我们就能顺利地实现我们的意图，把它转化成一个深思熟虑的邀请，邀请合适的人参与。

一旦我们的意图被厘清，这个意图本身就具有了能量，它会沿着召集力模型的每一个要素，自然而然地导向最终的"行动承诺"。

很多会议的召集者就是太快从内心走到头脑，然后很快就确定会议成果。召集人内心有所准备、厘清会议目的、厘清与参与者之间的关系都是非常必要的，这些对会议能够激发出参与者有承诺的行动是很重要的。

当我们设计会议时，厘清的意图会自带能量，甚至超出我们有意要控制的范围，这些能量有时能产生很关键的、却被我们忽略掉的东西。

用意图破解困局

最近我在公司研发部门内成功组织了一场关于资源管理的会议，会议的议题充分反映了公司政治和竞争的需求。我相信这次会议的成功得益于前期准备时对意图的厘清，会议意图推动会议朝着建设性方向发展。会议召集人需要厘清会议的意图，与参与者沟通并得到他们的支持。如果会议意图不清晰或者得不到足够的支持，那么这个会议就会流于形式、低效，无法令人满意。

在这次会议中，我的意图就是让大家看到围绕资源管理和决策，整个系统都有哪些利益相关者，再让各方清晰地讲出自己的想法和诉求，讲出他们的利益点和担心之处。我的意图就像是要把光引进来，照亮整个系统。然而对我而言，我从未召开过这样一次有挑战的会议，所以担心这个会议会陷入困局。

我并没有特别强调要达成什么结果，我的意图主要是创造一个鼓励性和支持性的氛围，让大家能够聆听和探索每一个人的心声。我想让这个会议是有趣和有能量的，让大家能够基于各自的视角，看到整个系统的需要。作为会议引导者，我的意图是让自己保持自信、放松、关注和信任。

我那时候并不特别清楚可以采用什么方法，但是仍坚持守住自己清晰的意图。我在整个会议过程中不断提醒自己牢记主要意图，不要被一些干扰因素所影响。即使现场出现差异很大的需求表述，即使中间对会议形式做了很大的调整，我仍保持自信，始终信任参与者。

这次会议非常成功，让大家看到了整个系统的需要，而且氛围有趣热烈。我知道正是会前花时间厘清了意图，这一切才得以发生。

——艾瑞克·巴比涅[4]

目前我们在召集力模型中的位置

1. 联结初心：我们已经探索了自己的初心，即"我是谁？"以及"我和他人的关系是怎样的？"。
2. 厘清意图：我们已经厘清了会议的意图，它和我们初心的一致性将是接下来行动的基础。

现在我们厘清了意图，已经准备好自信地进入"真诚邀请"阶段。

本章要点

挑战：心存怀疑——"我们是否有足够的自信前行？"
原则：我们的意图是我们行动的基础。

关键问题

- 我的意图是什么？
- 我的意图和我的初心是否一致？
- 我是否有其他干扰性的意图或动机，需要我放在一边？
- 我们在一起会成为什么？

本章的强化练习

召集人的检查清单

- 我的意图和我的核心价值观是否一致？
- 我是否确信这次会议是值得召开的？
- 我是否对设计会议目的给予了充分的关注？
- 谁会来参加会议？我在心中有没有想象与他们一起设计这次会议？

练习：关于意图

准备： 找一个安静的、不被打扰的地方，给自己留出至少 30 分钟写自己的反思。

假设：

- 你能够全然安于当下；
- 你把自己当作一个管道或催化剂，去连接真实的自己；
- 你知道人生是一个渐渐展开的旅程，你准备好了投入其中；
- 你知道每个人都有如其所是的完整性；
- 你知道召集会议，就是涉及人际关系的艺术和技术。

第 1 步：询问自己："我是谁？我现在正在做什么？"

第 2 步：写下你下一个会议的意图，列出你所有的考虑。可以参考前文艾瑞克·巴比涅的案例，他是如何为会议设定意图，给他自己设定意图的？

反思性问句

- 当你想到本章中所提到的"意图"时，你会想到什么词？你有什么想法、感受？这些和你自己有什么关系？
- 你会用哪些实操方法，来帮助你厘清你的意图？

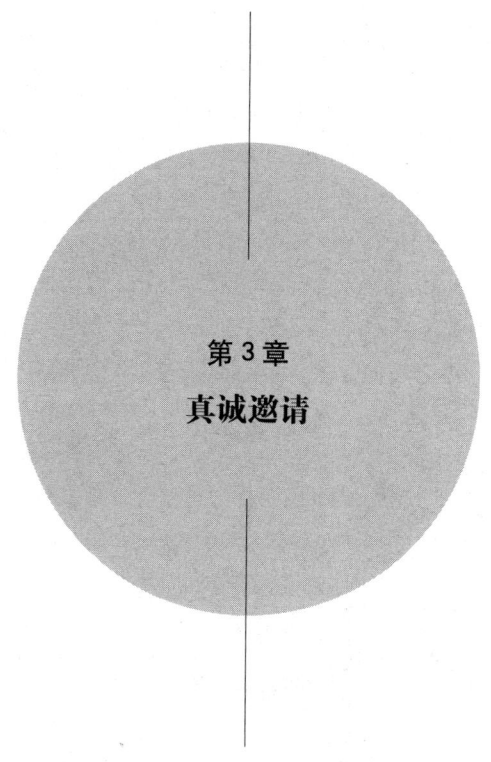

第 3 章
真诚邀请

发出真诚的邀请,整合自己的初心和我们对会议的意图

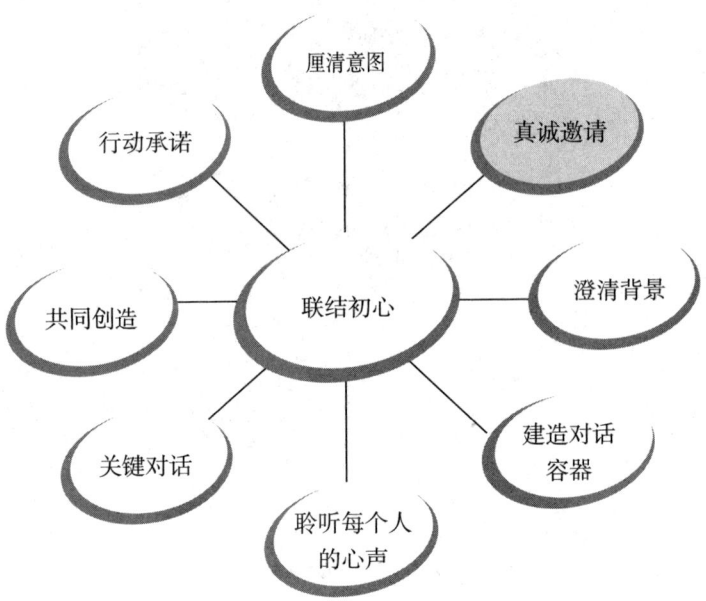

怎样才是真诚邀请

如果我们在"联结初心"中已经连接到自己的初心,也清楚了会议的意图,我们需要再次回顾自己的内心,这样才能发出真诚的邀请。通常人们只是发个会议通知,而常常忽略了参与者能否感受到被真诚邀请。

当我们召集会议时,我们的邀请函不仅仅是通知对方何时来何地参加会议。会议邀请也是要加以设计的,要让参与者在接到会议邀请的那一刻,有意愿参加,并准备全身心地参与到整个会议过程中。

热情友好、慷慨和坚定

会议召集人通过会议邀请函,第一次向参与者表达自己的初心和会议的意图。"真诚邀请"不仅仅是外在可见的会议邀请函,更重要的是要注意召集人内心要有"真诚邀请"的态度。召集人是通过会议邀请函这样的外在呈现,一点点建立和强化与参与者的关系的。

在这个社会关系复杂的世界中,发出邀请也会遇到挑战。我们有各种正式、非正式的邀请方法,如语音留言、电子邮件、短信、信函等等。无论什么形式,会议邀请函要能传达出召集人的热情友好、慷慨、坚定。发出邀请时,召集人要能够预估被邀请者会不会拒绝参加会议。发出热情友好、慷慨、坚定的邀请,

> 发出会议邀请,是邀请大家来参与,而非旁观。我们不是在宇宙中穿行,而是和宇宙一起旅行。我们不是在一个不断进化的世界中生存,而是和这个世界一起进化。我们属于一个更大的整体,是它的一个部分,而各个部分加在一起也远远小于这个整体。在这个整体中,我们各个组成部分彼此连接。
>
> ——迪尔米德·默奇[1]

会降低参与者不参会的概率。

- 热情友好:我们发出邀请时要带着发自内心的友好;如果用身体姿态来呈现就是打开双臂。
- 慷慨:我们为参与者提供充足的资源、环境支持;如果用身体姿态来呈现就是打开双手。
- 坚定:我们要向参与者传递一个坚定的信念——他们的参与是有价值的;如果用身体姿态来呈现就是带着真诚的微笑。

在我们发出会议邀请的时候,想象自己张开双臂,打开双手,面带微笑。无论是我们通过虚拟网络还是线下见面真诚邀请,我们的身体姿态都是在展示一种开放的人际关系,这也会在我们的语音语调中有所体现。

挑战:被拒绝

我们发出邀请之后,常常出现的挑战就是"被拒绝"。当对方回绝我们的邀请时,召集人要继续发出真诚的邀请是有挑战的。换一个角度来说,如果我们不是带着发自内心的真诚去邀请,被拒绝的可能性也会较高。在我们设计会议邀请函时,我们会回顾自己的联结初心,回忆我们最初的意图以及我们希望和对方建立怎样的关系。这两个因素也会支撑我们发出自信和真诚的邀请;即便被拒绝,也把这当作是对方的自由,而不要担心和害怕。

> 我们通过真诚的邀请来引发参与者的积极投入。在邀请中,我们为大家创建了一个有意义、可实现的共享未来。积极参与是尊重大家的自由意志之后的结果。随着给大家的主人翁权力越来越大,大家的参与度也会越来越高。
>
> ——彼得·布洛克 [2]

原则:真诚、友好、慷慨都是保持全然在当下的要素

我们发出邀请的意图不只是让参与者到场,而是创造机会让他们能够全身心参与,并贡献他们的才干。当他们体验到他们的参与是真正被需要和有价值的,而且他们的才干对这次会议的成果非常有价值时,他们在会议现场就更有可能真实地投入,从而使会议成功的概率大大增加。

对于一个商业或社交性会议，召集人可以这样邀请："我希望你参加，因为你能对会议主题有所贡献。"若我们要发出邀请，那么我们不仅仅要指出会议主题和内容，还要点明我们清晰的意图并真诚邀请。若我们期待与对方建立友好的关系，那么我们要在邀请函中论及这一点，这对那些出于人际关系或上下级关系而不得不邀请的人也同样适用。

关键问题

- 我要邀请谁？
- 在我发出的邀请中，核心是什么？
- 他们为什么要参加？

思考上面这些问题可以帮助我们把自己的初心和会议意图协调一致。如果我们不做这样的内在工作，我们的邀请就会让人感到不真诚，被邀请者也容易礼貌地回绝，或者到时候并不出席；即便他们决定到场，也常常不能全身心参与。

邀请参与者全身心参与[3]

桑德拉是一家大型企业的高级管理者，她用召集力模型打破了跨部门的壁垒。

在她参加完召集力训练之后，她决定召集一次跨部门会议，促进各个部门之间的项目合作。她首先让自己做好准备，她的意图是把大家聚在一起，真实参与，彼此真诚地连接，形成"我们在一起"的观念。作为高级管理者，她本可以直接发通知要求大家来参加，但她最终还是选择"让大家感受到是被邀请参加"。

基于各个部门之间以前和现在仍存在的矛盾，她对每一位部门负责人都做了深入的思考，思考他们的个性特质，也思考每个人的独特天赋，包括一个她原本不希望到会的人，这个人粗暴的行事方式让其他人不得不和他保持距离。召集力使她在内心想象每个人都是有价值的贡献者，不论之前她对他们的期待是什么，她都希望在这次会议中每个人能够真诚对待其他参与者。

除了给大家发一个正式的会议邀请，注明会议议程和时间，桑德拉还决定给这8个部门的负责人分别写一封邮件，让大家感受到这是一份会议邀请，而非简单的要求。她表达了对每一个人的欣赏，不仅仅邀请他们参加会议，还真诚邀请对方准备好自己的内在状态，带着自己的才干、信念和创造力来参加会议。

之后大家应邀来参会了。桑德拉起初并不确定他们会比以往更开放，然而事实是那天大家有不少突破性进展。以前她要在这些个性强的部门负责人之间做裁判，而这次，她发现大家愿意带着好奇和尊重真诚地分享自己的故事、聆听他人的故事。整个会议虽然不是一帆风顺，但比她之前召开的跨部门会议要好很多。

对她而言，准备好个人的内在状态是非常有必要的。当她发出邀请的时候，她的初心也被传递出去。这对于参与者聚在一起真实参与及跨部门合作的项目特别重要。

如何实践

当我们发出邀请后，我们很有可能收到"不接受邀请，回绝参加"的回应。有些非常简单的方法，能够减小真诚邀请被拒的发生概率。其中一个练习就是在我们的日常生活中，自己操练发出真诚邀请，准备好内在状态，让它们成为自己内在的一部分。这种操练能够提高我们对他人的敏感度，帮助我们感受到他人内在接受邀请的渴望和需要。寄送邀请函或者其他的沟通方式，均旨在建立一种亲密和友好的关系。

在家里为家人准备晚餐，把食物在餐桌上摆好，邀请大家入座，这也是一种邀请练习。虽然很简单，但这能增强我们"创造让人感到受欢迎的空间"的能力。

我们向他人发出邀请，邀请他们参加活动、聚餐或者聚会，即使他们曾经拒绝过我们的邀请，即使我们预期他们有可能会拒绝。我们发出邀请，并不期待对方一定回复。如此，我们便可守住初心和与他人连接的信念，而不用担心对方如何回应。这样一来，即便邀请被拒绝，对我们而言也是一种"自由"的体现，而不是"害怕发生的事"。

"我们来办个沙龙怎么样?"

我们在自己的杂志《优涅读者》(*Utne Reader*)做了一则封面报道:"在家办沙龙:如何复兴久违的谈话艺术,在你家客厅引发社会运动?"在那期杂志中,我们登出了一则广告,广告用一句邀请性问句开场:"我们来办个沙龙怎么样?"接下来我们解释:"你愿不愿意召集你周边也看《优涅读者》的邻居们办个沙龙? 25人左右,可以是一次学习会或者议事会。如果你愿意,请在4月15日之前发给我们你的姓名和地址。"我们对读者可能会问到的一些问题做了解释。最后我们引用了玛格丽特·米德(Margaret Mead)很著名的一句话结尾:"永远不要怀疑一小群有想法、重承诺的公民聚在一起能够改变这个世界,事实就是如此。"

这则广告收到了8200份回复。在那一年里,北美各地举办了500场、每场20人左右的沙龙,超过18000人加入了"邻里沙龙协会",至少每个月相约聚会一次,有在公司会议室的,有在教堂的地下室的,也有在咖啡厅或者各自的客厅里的。蓝色男人社团(The Blue Man Group)就是在这次活动中成立的。不计其数的婚礼、商业活动和非商业活动也在这种沙龙中举行。有些学校学习项目和邻里共住项目也因这个活动而诞生。那期杂志之后,有许多大型日报,包括一家连锁日报机构,也在他们的读者群中倡导开展谈话沙龙活动。

"沙龙运动"就此诞生了。

　　这次邀请的成功关键在于我们有一个假设,就是"如果我们能够感知到什么事情,那么我们的读者也能够感知到。我们需要社群精神,在这个社群里,人与人之间能够连接,彼此分享爱好、价值观和焦虑,于是我们就设计并发出了这样的邀请,来表达我们真诚的渴望。"

——艾瑞克·优涅[4]

强化我们的真诚

　　有一个机构在开会前一天或当天会议开始前,会大声读出每一位参与者的姓名。这个过程可以为这次会议增加友善的力量。当召集人或召集团队成员大声读出参与者的姓名时,大家会认为每一位参与者是受欢迎的,并准备好分享和贡献他们的宝贵智慧。这个练习在本章结尾处有详细的解释。

　　我们邀请参与者时的内在状态是非常重要的。当我们友好、慷慨和真诚地发出邀请时,参与者也会很自然地回馈这些能量。

　　"真诚邀请"可不仅仅是发一个简单的讯息或电子邮件,它涉及召集人的内在状态,也涉及外在的邀请信内容和形式。邀请的状态也贯穿整个会议始终,是召集人安于当下的重要因素。

目前我们在召集力模型中的位置

1. 联结初心：我们已经探索了自己的初心，即"我是谁？"以及"我和他人的关系是怎样的？"。
2. 厘清意图：我们已经厘清了会议的意图，它和我们初心的一致将是接下来行动的基础。
3. 真诚邀请：我们已经以友好、慷慨和真诚的态度向参与者发出真诚的邀请。

我们已经友好和自信地设计并发出邀请。我们完成了召集力模型中三分之一的内容，接下来我们将进入"澄清背景"这个环节。

本章要点

挑战：被拒绝。

原则：真诚、友好、慷慨都是保持全然在当下的要素。

关键问题

- 我要邀请谁？
- 在我发出的邀请中，核心是什么？
- 他们为什么要参加？

本章的强化练习

召集人的检查清单

- 我是否真诚地邀请（既包括外在行为，也包括内在状态）每一位参与者来参与会议？
- 我是否想象过当他们到来时，我如何迎接他们？
- 我是否准备好在整个会议过程中保持我的真诚和友好？

练习1：朗读参与者姓名

这个非常简单的练习能够帮助召集人在会前准备好，保持内心的友好、慷慨和坚定。

原则：当我们内心对人们抱有积极的想法的时候，就会创造出强大的场域，带领他们实现我们的正向意图。

实践步骤

第1步：在会议开始之前，写下每一位参与者的姓名，在会议开始前大声读出他们的名字。这个步骤可以提前一天进行，这样你可以带着对这些参与者的姓名的记忆入睡，也可以就在会议召开当天进行。这个过程有多重价值，其中包括强化你召集这次会议的诚意。

第2步：找一个安静的地方，你或你的召集团队全神贯注地朗读参与者的姓名，想象每一位参与者到来时被欢迎的场景，想象他们做好了分享自己才干的准备。这会引发对参与者的真挚欣赏。

练习2：迎接参与者

在会议开始之前，确定好迎接大家进入会场的方式。当你朗读完参与者的姓名后，你要思考自己如何迎接他们，如何展现自己的召集意图，如何表现出自己对大家全情投入的期待。

反思性问句

回顾你职业生涯中的一次发出会议邀请的经历，那次邀请的初心是什么？邀请大家参加的迫切动机是什么？

1. 你的会议目的和你的邀请是否匹配？和你的初心是否相一致？
2. 如果不一致，你可以做出怎样的调整？
3. 如果"担心被拒绝"成为你发出邀请的障碍，请思考这会给会议带来怎样的损失？

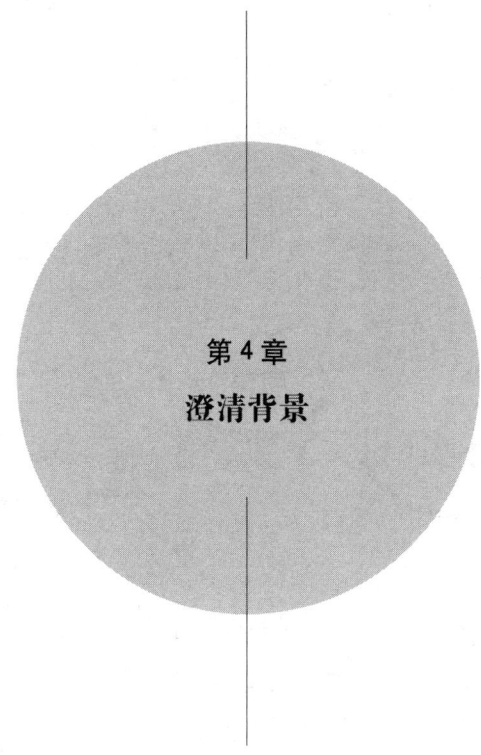

第 4 章
澄清背景

沟通会议的背景、目的、形式、内容

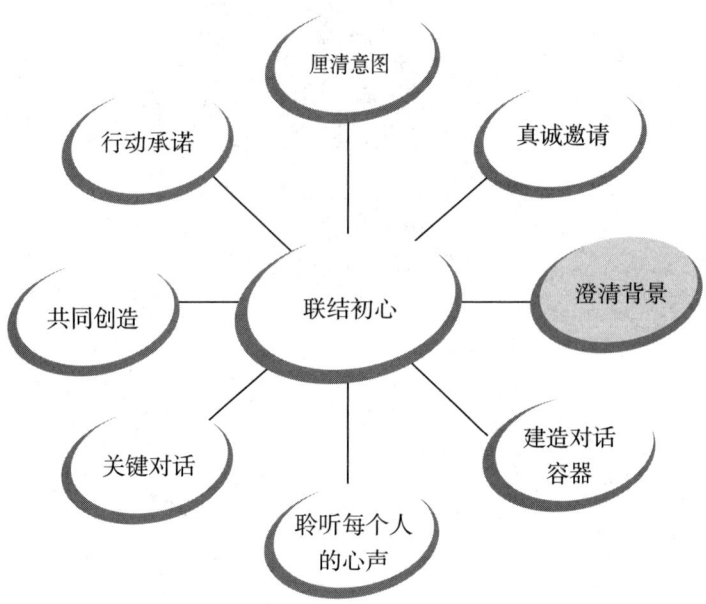

为什么要澄清背景

如果我们让参与者很清晰地理解了会议的背景、目的、内容和形式，参与者就会更加安于当下，从而提高会议目的的达成概率。"真实参与"需要大家能够清晰了解会议背景，知道"我们是如何走到今天这一步的？"。

如果我们对"别人知道什么"做出过多假设，就会造成混乱。我们可以把会议背景、目的、内容和形式用文字写下来，并与自己、他人核对，以此练习我们清晰表达的能力，确保所有参与者能够对会议所处的背景有一个清晰的认识。

> 所有的科学都是需要实验证明的，而所有的实验都需要在某些特定的条件下进行才能保证其有效性，这其中的条件之一是对其发生的背景保持清醒的觉察。
>
> ——威廉·狄尔泰[1]

这次会议的目的是什么

当我们明确了会议目的和意图，并发出了真诚邀请，我们就已经全然投入到这次会议中了。我们做好了内在功课后，需要把内心的承诺和自信外显出来，告诉每一位参与者这次会议的目的是什么。

如果这个会议的目的是要做出关于公司未来的决策,我们的参与者就需要把自己的状态调整到适合这个会议的状态(思想、情绪、心灵)。这种状态和一个项目进展报告会的参会状态是不同的,和一个生日聚会的参会状态也是不同的。

挑战:不同的人持有不同的假设

在"澄清背景"这个环节中,召集人面对的挑战是"假设":如果我们假设别人已经知道我们所知道的,就会想当然地略过一些解释,甚至没有让参与者真正理解会议的目的。为了克服这个困难,召集人需要清晰地沟通会议的背景和目的,通过文字或者视觉化表达,保证参与者不会产生歧义。

> 不要先给自己设定一个正方形或是三角形的区域,然后把自己的生命放进去,抛弃区域外其他的可能。而是要允许自己的生命能够按照证明自己的轨迹延展开。
>
> ——安蒙斯[2]

风险:假设参与者都清楚会议的背景和目的

我们都经历过一些会议或者会谈,发现自己并没有得到清晰的背景说明,以至于我们必须自己去猜测、诠释会议的目的,会场上茫然的眼神、一问三不知都是其后果。无论会议的议题是否重要，假设参与者完全清楚会议的背景和目的是有很大风险的。

原则：清晰表达召集人的初心和会议目的

清晰表达召集人的初心和会议目的，有助于该目的最大可能地被实现。（要把这个原则铭记在心。）

"澄清背景"要求我们清晰地表达"为什么我们要聚在一起"。当有力量的会议目的和会议议程相匹配的时候，我们就为参与者准备了一个共同创造新事物的场域。作为召集人，我们要把自己想象成这次聚会的催化者。

我们真诚地发出会议邀请信的背后，就是要直面"邀请信中所做的承诺"。

即使参与者提前看过会议邀请信中对会议目的和议程的描述，在会议开始前，召集人还是很有必要重申会议的目的和议程，以及会议期望的成果。这时候大家若能够统一认识，将有利于参与者准备好贡献各自的经验、智慧。会上花时间澄清背景是非常有必要的，尤其是大家处在快节奏的工作、生活状态，常常采用多任务并行的工作模式，注意力易分散，会影响他们参会前对会议目的、背景的认识。

为了让会议产生最佳成果，我们要努力使参与者能够全力以赴、全情投入。澄清背景的过程不仅仅同步大家的认知，还影响大家的内心感受和内在精神状态。召集人要能够清晰透明地介绍会议议程，说明会议存在多大的潜在可能性。这也为召开一场能真实参与并获得成功的会议奠定了基础。

关键问题

- 这次会议的目的是什么？
- 参与者需要知道哪些信息，才能够全身心参与？
- 这次会议的个人和集体目的是什么？

这些关键问题需要我们花些时间去思考，厘清这些问题的答案。召集人要对参与者的付出表示尊重，尽可能地向大家描述清楚这次会议能够给大家带来什么价值。我们发出邀请，就是在向参与者传递一个信息："你很重要！"我们在会议现场会议开始前先澄清背景，就是在向大家传达一个信息：大家来这里是很值得的。本章最后的一些反思性问句会帮助召集人操练澄清背景的能力。

如何实践

每一个会议开始时，在热情欢迎大家之后，第一要务就是为会议澄清背景，这有助于参与者理解被邀请聚在一起的意义，他们可以借此准备好自己的头脑、情绪和内在状态。这种背景的澄清会使参与者的大脑感觉到安全，愿意和其他参与者步入未知领域，一同探索和创造出新的事物。

一个对澄清背景非常有帮助的方法是用不超过三句话写下这次会议的目的，并把它们大声地读出来。这可以独自进行，也可以和自己的会议召集伙伴一起进行。聆听自己所读出来的，确定表述是否清晰。如果有什么会被误解或者不清晰之处，就重新写一下，直到清晰为止。

另一个类似的方法就是写下或者录下（音频或视频）你对会议目的的解释，并判断表达得是否清晰。请另一个人听、看或读，看看对他而言表达得是否清晰，留意有什么缺失或会被误解。

如果你能很认真地去使用这些方法，那么你将能够促进会议成功。如果你使用得不好或者根本不使用，会降低实现会议目的的概率。

历史背景的交代：分享起源故事

有些会议交代目的和议程就够了，有些则需要给大家提供更加深入的背景信息，因为参与者并不知道相关的历史背景信息。我们把这种背景设定称之为"分享起源故事"。参与者需要知道与这次会议相关的历史背景故事，明白是这些故事把参与会议的人连接在一起。作为召集人，我们也需要提醒自己，参与者需要明白自己和这次会议之间的关系。在会议开始之前，讲出或再次讲出这次会议的起源故事，是一种非常有力量、有效的方法，可以强化人与人之间的连接。

当人们参加一个系列的会议或聚会时，召集者都要把这个系列活动的起源故事简要地讲一遍，讲述会议发起的初心、谁曾经参与过以及最初的目的是什么，就像用一根主线把历次会议（聚会）串联起来，这就是"澄清背景"。它让参与者感受到自己是这个共同体的一部分。对于新加入的人，这也会让他们有一种归属于一个集体的感觉。

在会议开始之前，有效的背景澄清会帮助参与者更好地理解会议的目的。这会加深大家对会议背景框架的理解，并强化参与者之间的连接。当大家意识到个人的成功与参与者整体相互影响时，他们就愿意更充分地信任和尊重彼此，且真实地参与。

没有做好背景澄清会带来的风险

清晰沟通会议背景和目的，对召集力模型中的下一步"建造对话容器"起到了铺垫作用。如果这个环节做得不到位，会有什么风险呢？最常见的情况就是参与者不觉得大家是彼此连接且向着同一个目标、同一个成果前进的，会场中的人们内心会犹豫、怀疑、有所保留，甚至还会抵触会议。

抵触的表现形式有很多：参与者在参会过程中做着其他的事情、窃窃私语，或是露出紧张的表情和茫然的眼神等等。理想的参会状态是人们感觉现场是安全的，被询问时能够安心地表达自己的观点，给予反馈时能够真实地提出自己的质疑。很重要的是，在这个过程中，人们不会感觉到恼怒，不会感受到被威胁，每个人都带着欢迎的态度去聆听他人的观点。当会议背景被清晰地交代后，大家有了扎实的共事起点。所有的表达都为我们提供了澄清、理解的机会。一旦大家看清了全貌，清除了一些理解上的障碍，就好像被重新启动一样，准备好了投入这次会议（聚会）中。

如果在澄清背景之后，我们并没有就进入下一步达成共识，该怎么办？这就需要重新校准会议的目的，必要的话调整会议的背景。这时候就需要很好地运用会议引导技巧，通过感知、聆听和有效提问，对会议重新进行校准。例如，我们会问大家："这个会议的背景和目的，对你而言有意义吗？""在我们进入下一步之前，大家还有什么问题？""有谁能够复述一下我刚刚交代的会议背景？""你刚刚听到的会议背景是什么？"

我们再次清晰阐述会议目的，并询问大家对此的思考和反馈。逐渐地，我们召集会议的经验会越来越丰富，越能觉察到人们微妙的情绪变化、肢体语言（我们称之为"对人有体感"）。当我们感受到现场有抗拒、抵触的情绪时，也要准备好去面对和回应。

过渡和转换练习（Transition）

过渡和转换练习能够帮助参与者进入"安于当下"状态练习。在会议中，各个环节之间需要有个过渡的空间，然而人们常常会忽视它的重要性和存在的必要，通常都是谈完一个话题就匆匆进入下一个话题。过渡和转换练习一般在每个环节之间的间隙进行，既包括会议开始前邀请大家调整好自己的座椅，也包括利用会议各个环节、议题之间的间隙做相关练习。它能帮助参与者在转换议题的过程中保持安于当下。

就像品尝下一道菜之前先漱口清水让自己的味觉更灵敏一样，过渡和转换练习的形式可以是读一首诗、做一次冥想、进行一次大脑中的深入想象或是做身体伸展练习，甚至就是一个简单的呼吸练习，都能够帮助人们重新回到自己的注意力中心，让自己聚焦于接下来的环节。

作为召集人，我们要非常认真地对待每一次的过渡和转换练习。这是要坚持去操练的。有些方法可帮助我们有意识地使用好过渡和转换练习：留意会议内容主题的变化，或者会议议程从一个环节进入下一个环节；确保会议节奏和会议目的是相匹配的。本章下文列出的过渡和转换练习能够在很多会议、聚会中使用。

目前我们在召集力模型中的位置

1. 联结初心：我们已经探索了自己的初心，即"我是谁？"以及"我和他人的关系是怎样的？"。
2. 厘清意图：我们已经厘清了会议的意图，它和我们初心的一致将是接下来行动的基础。
3. 真诚邀请：我们已经以友好、慷慨和真诚的态度向参与者发出真诚的邀请。

4. 澄清背景：我们已经向参与者介绍了会议的背景、目的、形式、内容。

在"澄清背景"环节，召集人和参与者已做好理性、感性和精神层面的准备，为接下来的全情参与打好了基础。接下来，我们就要进入"建造对话容器"环节，为会议设定好外在边界和内在边界。

本章要点

挑战：不同的人持有不同的假设。

原则：清晰表达召集人的初心和会议目的，有助于该目的最大可能地被实现。

关键问题

- 这次会议的目的是什么？
- 参与者需要知道哪些信息，才能够全身心参与？
- 这次会议的总目的是什么？召集人的个人目的是什么？

本章的强化练习

召集人的检查清单

- 我是否清晰地向每个人介绍了会议的背景、目的和形式？

- 我是否和至少一个参与者验证过我的背景澄清是清晰、明了的?

练习1:锻炼"澄清背景"的能力

书写练习

找一个安静不受打扰的时间,给自己至少20分钟,在纸上写下要召集的会议的背景:原因、目的、形式、议程等。检视自己的思维过程,扮演其他人向你说明这次会议的背景,看看能否说得清楚。

在你书写的过程中,你要回答以下问题:

- 这次会议的起因是什么?
- 这次会议是关于什么的?
- 参与者需要知道哪些信息,才愿意全身心参与?
- 参与这次会议,对于参与者而言,他们个人的目的是什么?对于集体而言,总目的是什么?
- 谁应该参加这次会议?
- 这次会议若成功举办会是怎样的?

朗读出来!

把自己所写的朗读出来,录下音频或视频,然后回放,会更加有效。这个练习的目的是模拟其他人会如何看待这段会议背景讲解。这里要强调一下，我们不仅仅是在脑子里过一遍，而是要把它"朗读出来"！

反复修改！

召集人请其他人给予自己真实的反馈，基于他们的反馈，或者基于召集人自己听录音、看录像所获得的信息，对所写的"背景介绍"进行修改。因为即使运用了录音或录像，我们自己也是很难听到、看到自己的，所以我们需要知道别人听到、看到了什么。召集人需要知道其他人对自己的感受如何。

练习2：过渡和转换练习

下面的"过渡和转换练习"可以应用在会前、会议中的暂停和校准阶段。召集人可以在会议开始的时候向大家介绍这个练习，也可以在会议中间的时候介绍。它的价值在于它快速有效。下面这个练习通常需要1~3分钟，也可以修改为在30秒内完成。

过渡和转换练习

1. 请找一个舒适的位置坐下，将双脚放在地板上，双手放松。
2. 如果你觉得可以，就请闭上你的眼睛，把注意力放在自己的呼吸上。如果你不想完全闭上眼睛，你可以半合上眼睛，向前看，注视某一个固定的物品。
3. 把你的注意力从你的大脑转移到你的心的位置。
4. 想象你的呼吸是从你的心口发出，呼气、吸气。你可以把一只手放在心口的位置，这样可以帮助你获得更真切的体验。

5. 让你的注意力留在心口的呼吸上，在这里停留10秒左右。
6. 回想一个让你感恩的时刻，可以是对某个人感恩，也可以是对某件事感恩。
7. 继续留意你的呼吸。
8. 当你准备好的时候，请慢慢睁开你的眼睛，回到当下。

反思性问句

想象一个你即将要召集的会议，问自己以下几个问题：

1. 你如何清晰表达这次会议的背景、目的、形式、议程、期待的成果？
2. 你的表达如何被参与者接收？
3. 你的表达将如何影响参与者的参与度？
4. 以下三种情况对这次会议会有什么影响：做好背景澄清、不做背景澄清、不认真做背景澄清？

第5章
建造对话容器

创建一个人与人真实相遇的场域（物理环境＋能量场域）

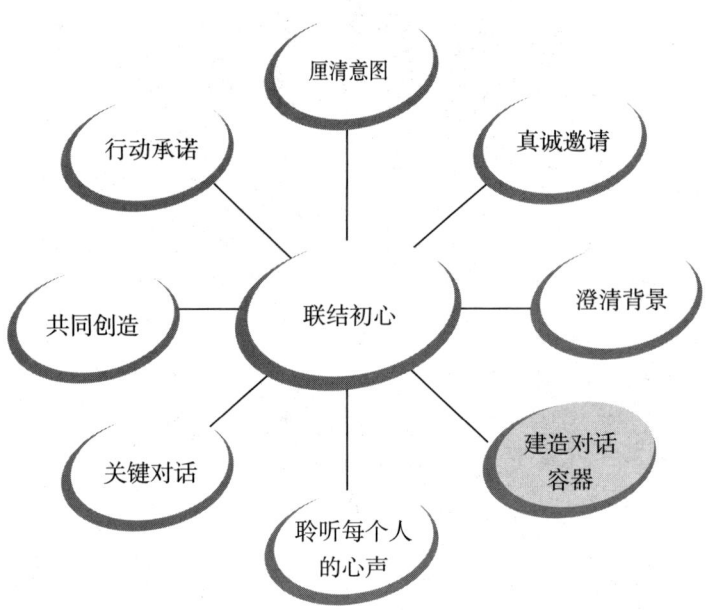

为什么要建造对话的容器

建造对话容器就是为我们的会议（聚会）提供一个环境，让对话既充满生机，又能有边界，且安全可靠。只有当人们感到有"视人为人"的尊重和安全感时，真实的参与才会发生。为了让真实的参与发生，我们需要关注聚会场所的物理空间布置以及心理场域的搭建。整个环境搭建完毕，就形成了一个"容器"，真实的对话将在其中发生。

在我们召集会议的过程中，需要准备好两个容器：外在的物理空间容器和内在的容器。

内在的容器，就是我们内心的能量状态，它能让人们感受到安全，并能自由地表达自己的想法。外在的容器，是会议的物理空间、环境布置。合理建造对话容器能够强化人与人之间的连接和相互促进。

会场的大小、形状、我们准备的物品都是外在容器的构成部分。线上会议也有线上会议的物理空间准备。会场空间也需要考虑桌椅的摆放，椅子是一排排的还是剧院式的，或者是围成圆形的，会带来不同的场域效果。

除了物理空间容器，内在心理容器也要建设好，为参与者提供一个安全的环境。这通常需要大家设定一个对话、参与的原则。它是大家须共同遵守的行为约定。此外，这个原则应是可以被观察到的。召集人可以设计这些参与原则，和大家核对并达成一致。通常这个参与原则包括保密、发言、表达等方面的规则。

挑战：召集人不好意思坚持让大家遵守参与原则

强有力的对话容器是需要靠参与原则来形成坚固的对话边界的，它对人们在团体内能够安于当下、安全表达很重要。

然而在这个模块中，对于召集人而言，一个很大的挑战就是不好意思坚持让大家遵守参与原则。

很多人在社交场合习惯保持灵活、随意的状态，不愿意被别人看成是很"强势""严苛"的。要他给大家确定一个参与原则并与大家共同遵守，是有些困难的。另一种情况是"强势""管控"风格的人强推一个参与原则时，不会给其他人足够的尊重，所以其实也并没有建立一个安全的对话场域。

作为召集人，我们一方面内心要足够坚定，另一方面需要保持真诚邀请的态度，征询大家的意见，这样才能够建立一个鼓励参与的对话容器。

如果大家事先没有清晰阐述会议的参与原则，每个人就会按照自己的理解去定义参会的行为规范和边界。例如有的人认为别人的讲话可以被打断，而有人认为打断他人讲话是对谈话质量不利的。这样就会给参与者带来困扰，因为他们并不知道哪些行为是被其他人接受和认可的，哪些可能会触犯他人的边界。对话的安全感就在这种"什么行为都可以"的氛围中被一点点消磨掉，最终大家就很难真实地参与了。

除了要有勇气建造内在容器，我们也需要有勇气创建外在对话容器。如果没有搭建一个有生机的环境，你就很难让参与者感受到彼此之间的连接。召集人需要刻意地让会场环境变得优美、友好，合理调整座椅，使之能够促进团队的融合。

原则：富有生机的外在环境和清晰、共同认可的参与原则

富有生机的外在环境和清晰、共同认可的参与原则，为会议创造了一个安全且开放的对话容器。

如果我们期待参加会议的人能够全情投入，保持开放、真诚的态度，并且能够袒露自己的脆弱，确保人与人之间建立了连接，召集人就需要兼顾好物理空间的布置和内在容器的建设。

召集人要守护这个对话的场域。我们在这里使用守护这个词，是指同时守护好内在容器（安全、开放的氛围）和外在容器（有生机的物理空间）。

关键问题

- 参与者需要什么，才能在这次会议中有安全感？
- 什么能够让这个会场富有生机？
- 大家必须遵守哪些参与原则？

召集人通过问自己以上几个问题，来准备创建对话容器。每次准备会议，我们都会用这些问题来帮助我们做好布置会场和制定参与原则的准备。

环境对会议（聚会）的作用是很重要的，召集人需要认真考虑人们相聚的场所是怎样的。无论最终选择了怎样的场地，我们都要问自己：如何让会场富有生机，以使人与人之间良好的连接？

关于参与原则，我们会发现每次会议所使用的原则都是相同或者类似的。也有些特殊情况，我们需要特别调整参与原则，以适应特定条件下的会议，确保大家感受到安全。召集人也需要考虑参会者的特点，考虑是否要对参与原则做相应的调整。

如何实践

外在对话容器和内在对话容器都需要认真考虑。

外在对话容器：物理空间布置

外在对话容器就是我们举办聚会、会议的物理场所，如果这个环境是有生机的、有美感的，那么这个空间本身就让参与者感觉到自己是受欢迎的。有窗户的会议室、温馨的餐厅、旁边有咖啡角、能看到很美的景观、有艺术作品装点、会场有代表生机活力的植物……这些都有助于营造良好的会议环境。作为召集人，我们常常问自己："如何让会议环境最能够展现出生机与活力？"

因为参与者都是活生生的人,而良好的会议环境会让他们感受到自己是被重视的。

当步入一个精心准备过的会场时,人们会更容易感受到人与人之间的连接。为了让会场富有生机与活力,我们布置会场时通常会使用很多大自然的要素以及艺术和美的要素。例如在房间中央放一束鲜花,点缀一些艺术作品,让会场内的人能够看到户外的美景。包括会场内花草植物的放置等,都是我们可以利用的要素。综合利用之,可以创建一个富有生机与活力的会场。

> 当我们关怀他人时,他们会被激发出活力并感到安心,产生安全感和被支持感,这会强化我们与他人的连接。无论是给予关怀还是接受关怀,都能让人身心健康、心情愉悦。
>
> ——奇尔德和霍华德·马丁[1]

会议场所很重要

我们常常遇到布置很平常的会场:形状狭窄,没有自然光,没有窗户。过去人们并没有注意到会场会给参与者带来怎样的体验,是否有利于参与者之间的互动。而在人们的惯性认知里,在办公室听到音乐或看到很美的布置,是件不寻常的事。

无论是自己独立工作还是与他人合作,我们很多的时间都是花在办公室里的。那么我们有没有像对待自己的家一样关注自己的工作环境呢?我们有没有对办公环境也给予同样的关怀,就像对待我们钟爱的其他场所一样？我们会议室的环境把我们的生命状态拉高还是拉低了？

如果会议场所的环境很平常，我们还能期待每天在这里能够产生好的创意吗？会议室除了需要桌椅、媒体设备、好的采光、空白的完整墙面之外，最好有窗户、小艺术品、盆栽绿植，如此才是我们期待的会议室的样子。

人们没有花心思在会议室布置上，通常是因为担心这些带有个人情感喜好的要素分布在会场中，会让人分心，干扰参与者的客观思考，打扰聚焦于结果的思维。这是对环境的不信任。实际上，外在环境如果缺少刺激，人们很容易发呆，很难有高质量的成果。

如果我们的会场并不鼓励人与人之间的真实参与和互动，我们最终会在参与者行动承诺方面付出代价。信任与尊重直接影响参与者的归属感和相互依存感。如果缺乏真实连接的体验，让人们做出发自内心的行动承诺和彼此担责是不太可能的。

明智的召集人常常使用围圈而坐的方式召集会议，因为这会让大家有"合作想象"的感觉，每个人都能够看到其他人，并能够被其他人看到。这种座位安排也能够促进参与者真实地参与。参与这种围圈而坐形式的会议是需要一些勇气的，因为它并不常见，然而我们坚持使用这种形式，因为我们觉得这能够实现我们"真实参与"的目的。

如果我们身处的物理环境能让我们感受到安全和有归属感，我们的忧虑和压力就会减少。当我们感受到外在环境是安全和有关怀的时，自己的内心也会产生这种感受，这会使得我们以一个健康完整的人的状态参与到会议中，就像我们和自己的亲友相处时那样。

建造外在容器的实践经验

设计会场有很多种可能。召集人需要从会议的目的、内容和成果出发设计。请你想象会场就是一块空白的画布，你可以利用会场的优势，而非突出它的缺陷。

设计会场时，需要考虑以下四个要素：安于当下、人与人的连接、理解、行动。这四个要素是任何一个会议都需要考虑的基础要素。

安于当下：之前我们通过澄清背景来帮助参与者安于当下，现在我们需要考虑会场物理环境的设计如何使人们真实参与和全身心投入。

人与人的连接：怎样的会场设计有利于高层次的人际互动？如何激发参与者学习、记忆、共同创造以及行动承诺？

理解：接收了信息并不代表吸收和理解信息。当我们提供了让人能够安于当下、彼此连接的环境时，参与者对信息、知识的整理和理解程度就会加深。"理解"是通向智慧的通道。

行动：我们的会议空间是否有利于参与者把创意最终形成行动承诺？

"行动"可以有多种解释，既可以指有意义的对话，也可以指最终具体的结果。彼得·布洛克在《在真正重要的事情上行动》(*The Answer to How Is Yes: Acting on What Matters*) 一书中提到，高质量的对话就是行动。

对环境的改造需要慢慢来，我们都是过往传统、习俗的产物。对会议环境的改变，可以从细微之处开始。

下面是对一些常常被忽视的会场要素的设计建议，你可以把它们看作基本原则，将这些基本原则应用到具体的会议环境中，创建一个富有生机的会议环境。

场地空间

盘点一下你要用的场地空间，看看它的设计风格、可用的空间，考虑哪些是你不得不面对的，把这些都作为你的工具。尽可能使用一些代表参与者文化的标志，例如大家熟悉的图像或者是公司的徽标等。

窗户、光线设置

能够看到室外景色的会场常常能够改变参与者的心情。有一次我们的会场能够让身处其中的人看到外面美丽的风景，很多参与者反馈说这些美景让他们感受到平静和满足，他们的参与度也因此提高了。

墙面

召集人应把自己看作室内设计师，考虑如何处理会场的墙面。

用艺术品、纺织品来布置可行吗？其实张贴绘制的海报或者是一些"金句"海报，就能够使这个空间更加有趣，让人们愿意花时间待在这里。

会场的门

门作为会场的出入口，和会场是什么关系？门既给人机会也给人惊喜。尽可能控制好人们进出会场，让晚到的参与者尽可能少地打扰其他人，会议举办期间的人员进出也尽可能不干扰其他人。

电子媒体产品

我们在很多聚会上都会使用到媒体产品，从投影机到各种个人电子媒体产品。召集者需要制定使用这些媒体产品的清晰规则。需要明确手机、iPad、穿戴设备是否需要关机或静音。最好别让现场被各种电子产品此起彼伏的响声干扰。

桌椅摆放

桌椅摆放要有助于会议目的的达成。召集人需要了解关于桌椅摆放的一些常识：

- 无论谁站起来，那一刻他就是站在了舞台上，要做好那一刻的控场工作；
- 桌子很适合摆放物品；

- 如果把椅子排成行或者剧院式的，人们就容易把自己隐藏起来，也容易分散注意力；
- 大多数椅子坐久了会让人不舒服，40分钟是人们保持一个姿势端坐的时间上限；
- 你可以通过类似抢椅子游戏来调整整个会场的能量状态。

椅子的摆放是要重点考虑的。对于大多数的聚会而言，让每个人围圈而坐是最佳的方式。这种方式下，人们能感受到轻松和平等。

我们如何坐会影响我们的对话。围圈而坐、围桌而坐和排排坐是常见的做法，我们需要根据具体情况选择最适合当下的会议。

围桌而坐

这是人们最熟悉的方式，人们坐在会议桌的四周。有时在非正式场合，人们围坐在咖啡桌、餐桌四周。这种有桌有椅的配置很适合理性的信息和数据交流。桌上可以摆放媒体设备及其他会议资料。这种方式会显得正式，不足的是它会牺牲掉部分人与人之间的亲密感。

排排坐

剧院式的桌椅摆放最适合清晰、直观的演讲场合，也最节省会议空间。排排坐时，参与者能够同时体验相同的内容。但使用这种摆放方式就不能期待参与者深度参与，顶多就是一些问答性质的互动。

围圈而坐

人类最古老的聚会方式就围圈而坐。古时候的人们围着篝火而坐，这种方式一直沿用到现在。围圈而坐能够创造一种"安于当下""彼此连接"的场域。围圈而坐让人有平等的感觉，即使是在一家有层级的组织中也是如此。通常75人以内都可以用围成一圈而坐的形式，不用麦克风都可以。如果人数超过75人，可以考虑使用同心圆的方式围圈而坐，也能起到建立有亲密感的场域的作用。围圈而坐的好处有以下几点：

- 每个人能够看到、听到其他人。想象在一个会议中，每个人都能够彼此看到和听到，那会是怎样的？在围圈而坐时，每个人都没有什么可以隐藏的。由于没有桌子，所以每个人都把注意力放在其他人身上，这是其他桌椅摆放方式所不能做到的。
- 围圈而坐让人们没有阶层感，因而人们能够更积极地参与。
- 围圈而坐可以让大家看到一个群体既是一个整体，同时也可以灵活地分成若干个小组，形成小圆圈。在小圆圈中，大家会更亲密地互动。
- 围圈而坐一般在社区活动、信仰性活动中比较常见。近些年，它在商业领域也越来越频繁地被使用，因为这种方式可以帮助人们连接自己的初心，且比其他的会议形式更加有效。

在联合国、大学中有很多这样的圆桌对话。改变会场的物理空间需要勇气，因为人们有时会抵触这些改变。召集人要做好会场的布置工作，想想自己要为这个团体带来什么。

组织发展年会的开场

我作为一位资深组织发展顾问，曾经为旧金山湾区的组织发展社群策划西部会议，这个会议每年都会举行。那次我有一个灵感，不想像往常一样平铺直叙地开场。那次我想使用召集力的要素来设计这次组织发展会议的开场环节。

我要利用这个开场环节让大家能够反思组织发展实践中的精神要素，进而形成一个真正的共同体。我和会议的主题演讲嘉宾、会议的主席团成员都做了沟通，澄清他们的意图，确保大家是一致的。我也邀请了两三位合作伙伴在会议流程设计方面给予我支持。

会议当天，我作为主持人，在介绍完会议的背景之后，邀请参与者围圈而坐，170个人围成三个同心圆，圆圈中间，铺着一张非常漂亮的中心布，上面有紫色和白色相间的鸢尾花。这种形式与以往的会议开场有很大的不同。我邀请大家允许我以这种方式来激发现场的能量。我先请每个人做一次深呼吸，进入静默的状态，从匆匆赶到会场的状态转换成安于当下的状态。我邀请大家思考自己对这一天带着怎样的目的：学习新的技能，扩展人际交往，遇见新的伙伴，还是分享或学习新的想法？我向大家介绍了会议的议程：开场、主题演讲、茶歇、与同伴反思交流。介绍完议程，我向大家介绍这种传统的大家能够彼此看见和听见的围圈而坐方式的价值，也向大家介绍一个共同体是如何被建立的。我也介绍了"穿宝珠"练习，邀请每个人有感而发，聆听在场所有人的声音。

这个活动对组织发展的顾问们来说并不是新鲜的设计，然而对于一个人数如此之多的大会，这的确是非常少见的开场方式。由于日程很紧凑，并没有我所希望有的那么多时间做开场，可即便是时间有限，我也通过这样一个开场让大家有了一种其为一个共同体的感觉，这种感觉在一整天的会议中持续存在。下一期年会，我们可以使用更加灵活的日程安排。

——思科特[3]

内在容器

内在容器是指在参与者之间形成的能量场域，或者是大家感知到的团体动力。这个场域需要通过共建一个参与原则（就是人们在一起的社会机制），让大家感

> 如果你希望集体的智慧有新的生发，就需要为此打造一个对话容器，为新的智慧产生提供一个边界。如果没有边界，就没有一个可供新智慧产生的中心。我常用的一个基本对话容器就是邀请大家围圈而坐。圆圈，是最古老的符号，象征着"合一"和"完整"。
>
> ——贝利·鲁吉·查迪玛[4]

受到可以足够安全地表达自己的观点、感受，并且参加的是一个有意义的会议。如果我们要引发参与者真实参与，那么让他们感受到安全是非常必要的。

我们对规则有着既爱又恨的复杂感情，然而当参与原则被清晰地表达并且参与者就其达成共识时，有股能量被释放出来，对话的容器就开始被建造起来。如果没有规则，也就没有了自由。事先和大家就如何对话形成公约，就是给大家提供了一个知情的选择，让大家选择接受还是不接受。下面是一些有关如何有效建立参与原则的方法。

征询参与原则

我们之前有提到"建造对话容器"最大的挑战是"召集人不好意思坚持让大家遵守参与原则"。因为大多数人一旦觉察到召集人态度专制或强硬，就会感到不舒服。然而建造对话的边界和公约并不需要你显得强势，你要做的就是提问来征询大家的意见，邀请大家达成约定。首先征得大家的认同，认同你作为会议召集人的身份。

你召集了这次会议，邀请大家来参加，因此你默认大家认为你就是这次会议的召集人。然而大家到了现场，你还是有必要再次重申你作为召集人的身份，这是得到大家的心理认同的过程，否则参与者私下里会猜测谁是这次会议的召集人。

当大家对你是召集人有了相同的认知后，接下来你就简要介绍召集人要在这次会议上做什么，例如提醒时间，带领参与者做过渡和转换练习，做会议的开场和收尾工作。

讲明了召集人的身份后，你可以向大家提出这次会议的参与原则。虽然参与原则的内容可以灵活变换，但是总有一些几乎是所有会议都有的：保密原则，即所讲的话不在会议室外流传；尊重当下发言的人；倾听和表达的相关规定。

对于参会人数多的会议或者线上会议，一种有效的做法就是告诉大家，沉默就代表同意。当然，也告诉每个人，如果不同意，他有权力自由地讲出来。有一种比较花时间但有时候很有必要的方式就是请每个人表态同意还是不同意定出来的参与原则。另一种方式是让大家举手表态。

建造对话容器

我曾召集过一次女性聚会。当大家入场的时候，我能够感受到她们带着某些情绪，这些情绪中既有盼望，又有迟疑。作为召集人的我，既是教练也是引导者，我的任务就是要为大家建造一个安全的对话容器。

我们那次聚会的主题是"为了充满乐趣地生活，释放我们的热情、潜能和理想"。要想为这次聚会建造一个对话空间，就需要有清晰的对话结构和参与原则，这样才能够让人们的智慧和意愿在这里生发流淌出来。

在结束了简要的开场之后，我敲响了铃铛，请参会的10位女士围圈而坐。大家所坐的椅子很舒适。我们围坐在一张矮桌的四周，桌上铺着很美丽的布。我在桌上放置了蜡烛和鲜花，还有一些五颜六色的珠子，这些代表了这次聚会的聚焦点。

建造一个有能量的对话容器有利于接下来的高质量、有意义的对话发生。我接下来和大家一条条过参与原则，为这次聚会创设一个安全的环境。参与原则要求：大家放下手机，以免被其打扰；放下自己的其他事务，承诺安于当下。我们向大家谈及围圈而坐的深层次的象征意义，也向大家提到"保密"的必要性。当我向大家承诺不会让人"被迫发言"时，我能够感受到现场的人有一种释怀的感觉。最后，我向大家解释如何做到"相互尊重地聆听""分享""对话"，也提到自己作为召集人，要做的事情就是守护这个场域，推动对话的展开。

——明克斯·鲍瑞恩[5]

建造线上会议的对话容器

我们之前的讨论都是关于面对面会议的容器打造的。互联网、通信技术让我们能够实现远程线上会议的召开。例如电话会议、网上研讨会等，使用社交网络或者其他电子社交工具可轻松召开。

我们从2004年开始通过远程会议的方式做召集力培训，是使用电话和互联网教学和召集会议的早期探索者。

经历了十多年的实践、上百个班次的打磨，我们知道了召集力的核心原则同时适用于线下和线上（语音会议或者视频会议）的聚会，没有特别大的差别。

在接下来的案例里，我们能够看到"虚拟对话容器"对一个线上会议是非常有效的，即使大家并没有真实地面对面在一起。

不要小看人们的想象力，人们可以对所在的虚拟对话空间做出想象。在召集人的帮助下，参与者能够想象自己处在一个怎样的对话空间中，与大家相遇并彼此看见。下面的案例是邀请大家运用自己的想象力，想象自己围坐在一堆虚拟篝火边。

你会在下面的案例中看到，参与原则是建造虚拟对话容器的关键。

虚拟的篝火

在我们的召集力线上培训中，一共有 10 位参与者，来自美国的不同地区，大家通过打电话的形式，共度 2 个小时的时间。我们首先通过叫出参与者名字的方式表达热烈的欢迎，然后召集人克雷格对大家说："我们现在开始吧！"

克雷格介绍了以下培训的背景信息，包括这次的主题和日程，并介绍了另一位召集人搭档。他向大家介绍了这次线上培训的参与原则，邀请大家表态是否同意：

"我们同意完全安于当下"：这条原则要求大家找一个安静、不受打扰的空间，不开手机，不查邮件，不碰电脑或其他电子产品。

"我们同意为他人保密"：我们在会场所讲的话都要保密，不和会场外其他人分享这次聚会的内容。

"我们同意发言时亮明身份"：每个人发言时，先说"我是×××"，发言结束后，要说"我说完了"，这样其他人就可以清楚地知道他是已经发言完毕，还是只是暂停。

"我们同意就自己的需要提出请求，并带着发现惊喜的态度参会，"克雷格继续说："我请求大家给我作为召集人的权力，我将管理好会议时间，并做好会议的主持。"

"如果你有不同意见或者疑问，请提出来，否则我就视沉默为同意。"他停了下来，等了几秒钟。大家都保持沉默，没有人发言。

克雷格接下来讲："大家分处各地，连接大家的就是这个线上的虚拟空间。我邀请大家想象自己围坐在篝火边，想象此刻天气很好，篝火给人温暖，我们都坐得很舒服。想象我们能够看到彼此围坐在这篝火边。"伴随着他的描述，大家感觉自己是围坐在篝火边的亲密团体的一分子。

就这样，线上的虚拟对话容器被建造起来，所有的参与者身处一个自然的、优美的、安全的氛围中。

参与原则的一些示例

1. 准时开始，准时结束。相信参与者能够准时到场，并清楚会议的时间边界。"准时"是人与人之间相互尊重的体现。
2. 知道谁在做会议召集和主持工作。如果需要几个人一起主持聚会，而自己又想参与主持，需要征询参与者的意见。
3. 一个有效的征询意见的方法是如此提示："你的沉默表示同意。如果你有疑问或者不同意，请讲出来，否则会被默认为同意。"
4. 保护个人隐私是很重要的。被邀请参加会议的每一个人应保守其他人在这里分享出来的个人隐私。"无论这里说了什么，请不要让这信息散播出这个会场。你可以和未参与的人分享你在这次聚会中的体验，但不要分享其他人的故事。"
5. 保持幽默，不要太严肃。这一点通常是受欢迎的。
6. 明确是否要遵守一些文化规则，例如一个信仰团体在聚会前会先祷告，一个有等级文化的团体会前会和大家确认是否可以"只以姓名相称"。

目前我们在召集力模型中的位置

1. 联结初心：我们已经探索了自己的初心，即"我是谁？"以及"我和他人的关系是怎样的？"。
2. 厘清意图：我们已经厘清了会议的意图，它和我们初心的一致将是接下来行动的基础。
3. 真诚邀请：我们已经以友好、慷慨和真诚的态度向参与者发出了真诚的邀请。
4. 澄清背景：我们已经向参与者介绍了会议的背景、目的、形式、内容。
5. 建造对话容器：为参与者创建一个安全的、有益的空间，使大家能够真实参与。

当大家能够安心于这个对话容器中时，他们就能够安于当下，并带着为自己负责的态度去"聆听每个人的心声"（这是我们下一章的内容）。

本章要点

挑战：召集人不好意思坚持让大家遵守参与原则。我们是否愿意向前推大家一下，共同建立这次会议的边界？

原则：富有生机的外在环境和清晰、共同认可的参与原则，能够增加参与者的安全感和开放度。

关键问题

- 参与者需要什么，才能在这次会议中有安全感？
- 什么能够让这个会场富有生机？
- 大家必须遵守哪些参与原则？

本章的强化练习

召集人的检查清单

- 这次会议的环境是否让人感觉到有生机？如果不是，我如何把"生机""美感"带入会场？
- 我知道哪些必要的参与原则？我是否准备好去征询所有参与者的意见？

练习1：对"美的会场"的反思

请回忆你最近经历的一次让你体验到环境很美的会议，它给参与者带来的身心影响是什么？有什么成果？

从中选出一两个对你有意义的要素，并将其作为你以后策划会议的标准。

尝试在你的会议中使用该标准，形成你所召集的会议的基本标准。

练习2：画图

画出你即将召集的会议，试着创造一些新的方法来让会场变得有美感和有生机。

试着利用鲜花、植物、艺术品、光线、声音、温度、香水或者窗外的风景。

有没有新颖的布置会场及会场中物品的方式？人们在会场中如何互动？

当你走进会场，熟悉了会场的窗户、门、家具，去感受它们，碰触每一个人们会坐下的位置，想象他们坐下来会有什么感受。

反思性问句

- 在设计会场的物理空间的时候，要想促进人际互动，需要考虑带入哪些要素，以使会场富有生机、激发大家参与？请举出具体的例子。
- 在建造一个安全的对话容器方面，怎样的参与原则是你常使用的？请举几个例子。

第6章
聆听每个人的心声

每个人在表达自己的心声时，都希望能被他人听到，自己则安于当下并为自己的表达负责

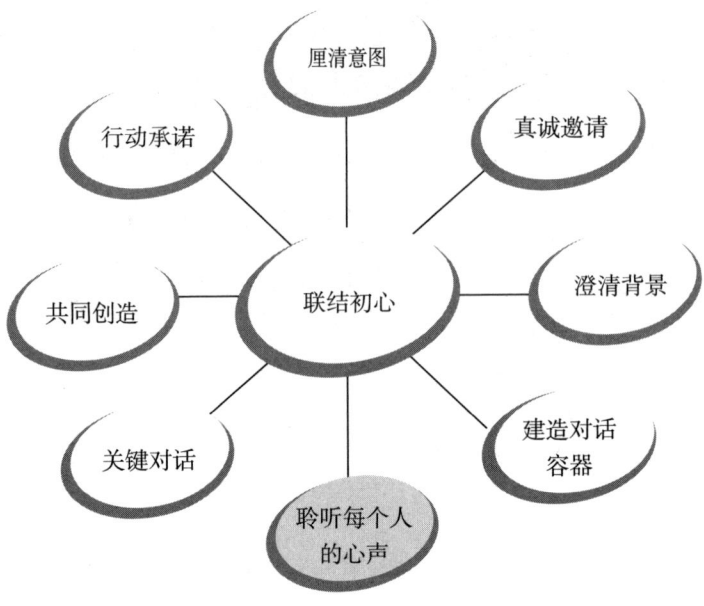

每个人的心声都是被需要且被期待的

当对话的容器被建造起来之后,就要邀请每个人表达自己的心声。"聆听每个人的心声"就是邀请每个人有感而发,表达自己的心声并被其他人听到,而自己则安于当下并为所表达的负责。这个环节在召集力模型中很重要,它决定了人们能否真正真实参与,进入下一个环节——"关键对话"。

在这个环节中,非常重要的是聆听,破坏气氛的常常是缺乏耐心和评判。我们邀请大家放慢对话的节奏,真正地暂悬对他人的评判。

"聆听每个人的心声"让我们开始体验整个会议的完整性。随着会议的目的、安全的对话容器、聆听每个人的心声被揉捏在一起,一个越来越完整的图像会渐渐生成。随着每个人都表达了心声和被听到,人们更能安于当下并为这个群体承担自己的责任。这开启了我们常常提到的"聆听他人,感受到他们真实的存在"的局面。

人与人之间通过彼此表达和聆听,能够彼此接纳和肯定,由此加深彼此的感情。这对大家能够真实地参与是非常必要的。

挑战:不耐烦和评判

在"聆听每个人的心声"这个环节,人们常常遇到的挑战是不耐烦和评判。通常我们希望在会议上少生事端，但此举其实会破坏这个环节的效果。召集人想跳过这个环节或者让一些人不表达，大多基于以下原因：

- 这会花很多时间；
- 人们似乎没有什么重要的话要讲；
- 我们感觉到一些人会不愿讲，或者有些人被要求当众讲话时会紧张和感到有威胁。

面对以上挑战，我们常常使用的方法就是让大脑慢下来。我们通过让大脑慢下来的方式来对抗"不耐烦的惯性思维"。当我们慢下来时，一个人表达完后，在另一个人接着表达之前就会有个短暂安静的间隙，就像音乐中的休止符，恰恰是因为有了它，人们才创造出了美妙的音乐。这种间隙也为个人、群体提供了一个空间，让大家有机会有感而发，有机会被听到。

如果召集人觉察到自己正在评判参与者，或者参与者在相互评判，那此时对话的容器就不安全了，但没有立竿见影的方法来阻止这股评判的能量。我们在"厘清意图"那章提到，要注意那些无意识的沟通模式。这提醒我们要保持觉察，首先就要暂悬自己的评判，并影响他人自愿暂悬评判。我们这样做，就是在阻止"评判之声"的蔓延，营造一个安全的参与氛围。

静修营

一家很大的医疗机构每年都举办一次为期4天的领导力静修营，静修营每次都会凸显出医生和管理人员之间的冲突。医生们觉得管理人员缺乏对他们的关心，把时间花在了处理公文上；管理人员觉得医生们"就想着挣钱"，忽视了机构运营的必要工作。这种冲突并没有被公开地表达出来，但是在做一些决策的时候，双方会相互较劲。

卡罗尔是这家机构的高级总监，这次由她担任静修营的召集人。她说服会议筹备团队在静修营开始时，让大家围圈而坐，让每个人"签到"，也就是要聆听每个人的心声。尽管很多参与者对这种做法表示怀疑，卡罗尔平日主持会议所表现出来的能力还是让大家愿意服从她的这个安排。

卡罗尔已经为这次静修营事先做好了自己的内在功课，她很自信地知道自己的目的是要让这些参与者真诚相待、相互凝聚。在会议第一天，她告诉参与者，她发自内心地欢迎他们，也准备了一个所有人都在乎的问题，并让大家能够有深刻的反思。

所有人围圈而坐的时候，就是"聆听每个人的心声"的时刻。卡罗尔邀请每个在场的人，讲出自己的名字、职位，并用几句话描述一下"为什么自己选择了医疗行业"。她邀请大家在表述时用简短的语句和发自自己内心的语言，其他人也能够用心聆听发言者。当时大家的发言充满了"激情"：

"我认为医治病患是我的荣耀。"

"我想加入延长和改善人类生命的事业。"

"药品的功效神奇,然而我真正想做的是成为一名疗愈者。"

"我想投身于这项能够真正给人们的生命带来不同的事业。"

"我对医治疾病充满热情。"

在这个圆圈中,医生和管理人员所讲的都是一样的。在这个过程中,他们看到了更加完整的彼此,对彼此的评判在消失,大家感受到了所有人正在形成一个整体。

卡罗尔说在接下来的静修营中,有好几次"突破"发生,参与者也能够表达出之前未曾表达过的心声。很多参与者告诉她,是那个围圈而坐的"签到"环节带来了不同,让他们能够看到对方身上有着与自己相似的人性。这能够帮助他们展开更深入的对话,更真实地展示自己,也让这次聚会有了更多更好的成果。

原则:每个人的心声都是被需要的,能够揭示整体参与中的真实智慧

我们常常把这条原则描述成"放下成见、迎接真实"。我们要放下对其他参与者的成见,去迎接真实的每个人。我们暂悬评判

的时候,其实就创造了与其他人相处的新的可能。

我们必须意识到,在场的所有人都属于当下这个场域。每个人都被需要,也能够为创造最好的成果做出贡献,贡献其智慧和创造力。世界上本无对错和内外之分,何况我们的一次聚会呢?

当我们意识到每个人的心声都是被需要的时候,我们就意识到了每个人都是整体的一部分,就像一个园丁把工具、种子、土壤整理在一起,为的是建造一个花园。这和我们所召集的聚会是一样的:每个人贡献自己的一份力量,一起创造一个新的事物。召集人创造了一个机会,让大家在一起创造了一个整体,而这个整体大于每个个体的简单相加之和。当所有的心声被听到时,每个人能够看到他人并被他人看到。真实的参与在这个过程中开始发生,一个有机的整体正在形成。

这就是通过聆听他人,看到真实的对方。在这个过程中,人们在能量层面彼此感知,形成一个更大的整体,大家有意愿去创造共同的成果。这个过程中,参与者的内心思想会转变成"我们同在"。

关键问题

- 我们是谁?我们来这里要说什么?我们要一起做什么?
- 我们如何聆听每个参与者的心声?
- 有什么方法和工具能够让所有参与者完整地表达自己?

思考了以上关键问题之后,我们开始"聆听每个人的心声"。"联结初心"和"厘清意图"都会帮助召集人确定哪种方式能够促进每一个人表达真实的自我。这些关键问题让我们能够在会议开始之前在大脑里过一遍流程。有很多不同的对话方法可以支持我们"聆听每个人的心声"。我们会在本章和本书最后的"召集人的工具箱:可用的资源"中介绍一些常有的方法。

通过"聆听每个人的心声"这个环节,参与者内心的一些焦虑也会得到缓解。

如果我们已经做好了"联结初心"的工作,也厘清了"会议意图",发出了真诚的"邀请",澄清了清晰的"背景",建造了一个有生机、安全的"对话容器",我们就启动了真实参与的历程,为"聆听每个人的心声"打好了基础。

如何实践

"聆听每个人的心声"需要勇气,不要让焦虑、不耐烦、胆小干扰这个环节。如果没有设置本环节,人们有很大可能不会对彼此真诚。我们的目标是能够让参与者在以下四个方面最大可能地安于当下:行为层面、情感层面、意识层面、精神层面。如果我们没有做好,参与者会有以下表现:

- 行为层面:人们的思绪会游离于会议之外,有的人甚至会离开会场。
- 情感层面：参与者内心害怕、生气、难过、不安，会阻碍其真实且有勇气地表达。
- 意识层面：头脑中不信任、批评、否定，这些会阻碍人在意识层面专注于当下。
- 精神层面：人们可能会无意识地抗拒为整体做出贡献。

深度聆听

"聆听每个人的心声"让大家开始有"我们是一个共同体"的感觉，这对参与者真实参与会议、创造最佳的成果是非常必要的。在这个环节，在所有人的心声表达中，我们播下了创造、创意的种子。

在此环节，我们渴望深度聆听。我们邀请所有的参与者从心底里有感而发地表达，用心去聆听，接纳不同的声音并为它们留出空间，寻找其中的真诚和要义。

当我们能够带着好奇、

> 深度聆听对于倾听者和发言者而言都是非常美妙的体验。当一个人能够被他人开放、不评判、专注、好奇地聆听时，双方的精神都会得以升华。
> ——苏·巴顿[3]

感叹、专注，引导每个人讲出他们的生命故事时，我们就是从内心里去表达和聆听彼此，而这是对所有自然流露出的心声的尊重。人们既不会奉承某个发言的人，也不会敷衍地感谢或忽略另一个人。当然，在一个实行等级制的组织中，人们可能比较难做到这一点。

作为召集人，我们要能够护持住这个欢迎不同、接纳不同、尊重不同的场域。大家表达不同的观点，为的是在这个过程中能够寻找到彼此的共同点。人们需要放下自己的原有假设，至少能够认可当下的彼此，通过聆听去理解对方，而不是站在自己的角度去说服对方。我们都掌握了很多知识，也认为自己的判断很在理，然而，要小心这种自以为是，别让自己所知道的阻碍了我们去认识对方原本真实的样子。

最后一点是我们邀请大家在表达时，能够真诚且精炼。所有的心声都需要被听到，这要求每个人去表达最能体现其内心想法的部分。人们只需表达其内在的觉察和自身的真实，例如他们当下的感受，以及他们对什么好奇、想了解什么。我们让自己的发言精炼，是为了能留出时间，尊重他人的时间也是尊重自己。

谈论天气

好多年以前，我有一个很重要的领悟，就是要去聆听对方语言背后的意图。那时我们刚刚举家搬到佛蒙特州，离家不远有个当地北方人家庭。有一天，那家的男主人来我们家，我们握手之后，他两眼看着脚下的碎石路，上面有他踏出的鞋印，然后他就开始谈论天气。我一开始很好奇："又是一个很肤浅、自我陶醉的开场，为什么他不能直奔主题说来找我们的原因呢？"之后他的几次拜访，才让我渐渐理解这脚踩地面、谈天气背后的意图。

人是生活在不同地区的生物，大地就是我们所处之地，天气就是围绕着我们所处之地的环境因素。这些都是值得我们去了解、感知的。你有没有注意到，我们打长途电话的时候，会先询问一下对方目前其所处之地的天气如何？

这位佛蒙特州的当地居民在教导我一种礼仪，是在帮助我觉察这片土地及环境并与之建立连接，而且这要先于我们正式的交谈。他在教我保持耐心，去聆听他更深层次的意图。

——克雷格·尼尔

准备聆听所有人的心声

在这个环节中，我们会询问自己："我们将如何聆听每个人的心声？用什么方法？如何操作？"召集人要保持对"我们是谁？我们为什么聚在一起？"的觉察。

这时召集人需要全神贯注地关注房间里的每一个人，关注参与者的组成、年龄构成、性格特征以及一些心理和情绪。这时候我们的目标是能够感知参与者的"温度",找到什么问题能够引发大家彼此连接。

我们越是能够调整自己,感知到参与者的状态,就能够在当下和接下来的时间里越好地为参与者服务。

令人喜悦的聆听

劳伦斯在一家制造型公司担任新产品开发部门的负责人。他从召集力学习中收获的最大启示就是运用"聆听每个人的心声"。

当有项目需要外援时,公司通常会雇佣一些外部顾问或合同工。劳伦斯以往的经验是这些外援和原有团队人员高效合作之前要经历几周的冲突:相互比较、彼此生气、对抗、带着过往的成见等。

这次有一个每个人都会参加的新项目启动会,劳伦斯觉得可以尝试他所学的召集力。

会前他先尽可能地自己准备好。一想到要"聆听每个人的心声",他便意识到房间里的参与者有着不同的个性。这次参会的有工程师、设计人员、程序员、项目经理。启动会上要有很多信息被分享出来,大家将听到每个人的基本简介、特长和要在项目中承担什么工作。他原本想跳过"聆听每个人的心声"这个环节,因为觉得这个环节会占用过多时间,且一些性格内向的人可能反感当众讲话。

启动会召开当天，他还是决定保留这个环节。在欢迎大家之后，他介绍了会议的背景和目的，也建造了对话容器（和大家建立参与原则），然后他邀请大家聆听每个人的心声："大家要在一起做项目一段时间，我还不了解大家，我希望大家能够互相多一些认识和了解。我们现在邀请每个人讲讲你自己，让每个人听到。请你分享一件今天让你感到喜悦的事情，可以是每天都发生的事情，也可以是今天发生的一件特别的事情。如果今天没有什么喜悦的事情发生，你可以讲一件过去发生的事情。请每个人用不超过 30 秒的时间表达，因为我们今天有很多内容要讨论。先从我这里开始。"

这时他看到有些参与者面面相觑，但这些并没有使他慌张。他把那天早晨给他带来正能量的事情分享给了参与者："今天我爬了一座小山，在山顶看到太阳升起。天边有一片红晕，照得山下的村庄也金灿灿的。这让我喜悦，让我不禁感叹大自然之美。"

接下来，大家就开始顺时针分享。一位男士提到了自己自闭症的儿子每天早晨给了他一个拥抱和暖心的微笑。一位女士说她先生把她的咖啡端到卧室给她，因为知道她在忙。还有人提到开车路上闻到了紫丁香的花香味，也有人提到和麦当劳的服务人员开了个好笑的玩笑。

当每个人都分享了之后，劳伦斯环顾房间中的每个人，发现很多人脸上都带着笑容，人们看待彼此的眼神也变了，他们"看见"了彼此。这里坐着的不再只是"顾问"、"合同工"、"工程师"、"设计师"、"管理者"，而都是活生生的"人"。

随着接下来会议的开展，劳伦斯觉得大家的合作关系有了进一步加强。他鼓起勇气去做的"聆听每个人的心声"促进了这个改变的发生。

提出好问题

当需要参与者发言时，我们使用怎样的问题来引发是很关键的。这个问题会为大家接下来的共创奠定基础。当大家处在一个安全的对话容器中时，在合适的时间向大家提出好的问题，会激发参与者们更好地创造成果，增加共同成功的概率。

找到一个很好的问题，既要能够挑战参与者，让他们深入反思，又能够激发大家有共同的体验。对于一个新认识的团体，我们常常简单邀请每个人讲出自己的姓名、用一两个词来描述他当前的状况，这样的简单表达就已经为互相信任和接下来的对话铺了路。在大家进入会场不久，让他们回答一些日常的让人感到放松的提问是很关键的。正如《隐藏的完整性：过不再分离的生活》（*A Hidden Wholeness: The Journey Toward an Undivided Life*）的作者帕克·帕尔默（Parker Palmer）曾经提到过的：人们的内心里通常住着一个害羞的灵魂；我们需要谨记，对于一些人而言，当众发言是一件令人胆怯的事情。

我们观察到，随着大家越来越习惯当众真实地表达自己，人们就渐渐不再争谁的表达更高人一等、谁的表达更诙谐风趣，而是越来越重视表达的真实,在乎简洁和真诚。

穿宝珠练习

在"聆听每个人的心声"这个环节中,最优雅且有效的练习之一是穿宝珠练习(参见本章练习1)。这个过程使用了一个隐喻,把每个参会的人比喻成一颗独特的"宝珠"。每个人都是独特的,就像雪花或砂粒那样,没有两个人是完全一样的,过去、现在、未来都不会有。每一颗宝珠上都有一个孔,一根线可以从这个孔穿过。如此这般,把一颗颗宝珠穿起来,形成一个完整的整体,成为一串独特的项链。

在大家轮流发言时,召集人引导大家想象一根绳子正在把大家这一颗颗宝珠穿起来。当所有声音都被听到时,整串"项链"就被创造出来了,而这个整体是在"聆听每个人的心声"环节之前还没有形成的。

作为召集人,我们就是要创造机会,让大家获得从一个个的个体,形成"整体"的体验。虽然只是用头脑想象,但这已经给大家带来了一个强大的"整体感"体验。做完穿宝珠练习,人们在能量层面上更愿意投入真诚、有意义的对话中。在本书最后的"召集人的工具箱:可用的资源"中,我们提供了更加详细的穿宝珠练习介绍。

穿宝珠的练习

我在一家咨询公司工作。为了保证高质量地工作,我们需要通过每月的小组例会促进交流。大家平时很少在办公室,所以我们的月例会常常是电话会议。我们团队成员每3~6个月会有一些变化。我在学习召集力课程之后不久,就有一次主持月例会的机会。

在例会上,高级经理、顾问、行政人员一起讨论我们认为重要的议题。每次讨论都是很热烈的,但是要让所有人都积极参与是个挑战。这次例会上,我先向大家介绍了穿宝珠练习,邀请大家想象,随着每个人的声音被听到,每个人就被一一串联了起来,形成了一根项链。我邀请每个人轮流讲出自己的名字、现在在哪里,分享一个自上次会议结束后到现在,对上次会议的主题做了哪些实践尝试,体验如何。

这个穿宝珠的练习,给了大家一个听到所有人声音的机会,请每个人分享自己的学习或者行动体验,确保所有人都能够认真聆听他人的讲述,也让大家知道每个人都会在这次会议结束时为大家做出贡献。

大家对这个练习的反馈非常正向。穿宝珠这个练习让大家从一开始就表现出作为团体中的一员的兴趣。这次会议主持也促进了我在会议召集和引导方面的专业成长,并得到了大家的认可。虽然其他人主持例会时不一定都用这个练习,但只要用到这个练习,那次的电话会议就会更有参与感。穿宝珠练习提供了一种简单而有效的方法,让每个人分享自己的心声,创造了一个谈论真正重要的议题的氛围。

——保罗·沃德

目前我们在召集力模型中的位置

1. 联结初心:我们已经探索了自己的初心,即"我是谁?"以及"我和他人的关系是怎样的?"。
2. 厘清意图:我们已经厘清了会议的意图,它和我们初心的一致将是接下来行动的基础。
3. 真诚邀请:我们已经以友好、慷慨和真诚的态度向参与者发出真诚的邀请。
4. 澄清背景:我们已经向参与者介绍了会议的背景、目的、形式、内容。
5. 建造对话容器:为参与者创建一个安全的、有益的空间,使大家能够真实参与。
6. 聆听每个人的心声:让参会的每个人都发言并被其他人听到,创造真实的完整感。

我们已经听到了所有人的心声,接下来就进入会议的核心部分:关键对话。我们已经为大家上好菜了,马上就要开席了。

本章要点

挑战：不耐烦和评判。

原则：每个人的心声都是被需要的，能够揭示整体参与中的真实智慧。

关键问题

- 我们是谁？我们来这里要说什么？我们要一起做什么？
- 我们如何聆听每个参与者的发言？
- 有什么方法和工具能够让所有参与者完整地表达自己？

本章的强化练习

召集人的检查清单

- 我知道在"聆听每个人的心声"这个环节使用什么方法吗？
- 我要问大家什么才是对所有参与者有意义的？

提醒自己和参与者：

1. 我对大家是有好奇心的，而不只是让自己显得有趣；
2. 我意在理解大家，并乐于为大家服务；

3. 我要从心里去清晰且简洁地表达自己。

练习 1：穿宝珠（简版）

你在下次召集聚会或会议时，告诉大家你想从"聆听每个人的心声"开始，因为在场的每个人都是很重要的，我们每个人的发言就是一种把自己真正带到这个会场的方式。它会让我们安于当下，并为之承担责任。如果合适，你可以带大家做一次穿宝珠练习。一开始的时候，一些参与者会紧张、对此加以取笑或者做出评判，然而一旦这个活动开启，大家渐渐就进入稳定向前的状态。

第 1 步：请大家围成圆圈而坐，轮流发言，每个人先报出自己的姓名，然后简要回答一个问题，例如："到现在为止，今天你过得怎么样？"或者"截至现在，今天有什么积极正向的时刻能让你记住的？"通常开始时，我们先用简单、轻松的提问，确保大家都知道每个人发言的时长。这要看你给这个环节预留的时间，一般每个人 30~60 秒就够了。

第 2 步：当发言者说完了，用"我讲完了"来做结束语，这样大家就知道他是讲完了，而不是暂停一下。

当所有人都发言之后，召集人向他们表达谢意，并向他们反馈自己从中学习到了什么。你也可以邀请参与者贡献一些简短的反思和反馈。留意当时现场的能量状态。穿宝珠练习结束之后，会议就正式开始了。

会议收尾：在会议结束时，预留一些时间做快速的第二轮穿宝珠练习，这相当于会议的正式结束，与之前第一轮的穿宝珠练习作为正式开始相呼应。人们很喜欢这个环节，有时我们忘记了，他们也会提醒我们做穿宝珠练习。大多数人都喜欢被聆听。在结束的时候，我们可以问参会者："在这个会议中你有什么重要的收获？"或者"你会后要尝试会议中的哪个洞见或者哪个工具？"，同样也要提醒他们每个人发言所花的时间，而这取决于会议还有多长时间。在这个环节，每个人的发言可长可短。

有很多方法可以让我们得到我们希望得到的结果。如果参与者对穿宝珠练习这种做法感到很奇怪，那么你可以不提这个活动的名称。这个练习的重点是让参与者在开始前和结束时能够向全体参与者表达自己。大家在开始和结束时所讲的简单的话，实际上都有非常重要的意义。真实地表达自己的兴趣和感激，会为激发集体的创造力和促进参与者彼此信任打下基础。

练习2：深度聆听和回应

要点：

- 聆听是为了理解对方，也是为了服务好对方；
- 聆听是对对方保持好奇，而不是显露自己有多有趣；
- 即使对方的表达平淡乏味，也能够保持尊敬的态度，这有助于建立双方的关系。

下次当你遇见你的邻居、朋友或者家人时，先从天气或家庭情况开始聊起，对你的开场保持觉察，用心聆听对方的回应。接下来提问探询对方的近况，问问对方最近这段时间过得怎么样，聆听之后给予恰当的、和善的回应。觉察接下来双方的对话是如何进行的。这种对人际互动的觉察也可以用在商业环境中。

如果我们能够保持这份好奇，而不是刻意为之，我们就会发现日常生活中有很多神奇的事值得我们心怀敬意。保持这种状态，即使看似平淡的对话也能够给人带来转化的效果。人们在感到被倾听的时候，就会心生喜悦。道理就是这么简单。

反思性问句

- 在生活和工作中，你如何让所有人的心声都能够被听到，进而营造一个让大家真实参与的氛围？
- 当人与人之间的沟通是有深度和意义的时候，请你留意大家对话的最终成果的质量是怎样的？如果人与人之间的沟通缺乏深度和意义，那对话的成果质量又如何？
- 请你回想一下，你有没有在非会议场合使用过穿宝珠练习，当时发生了什么？

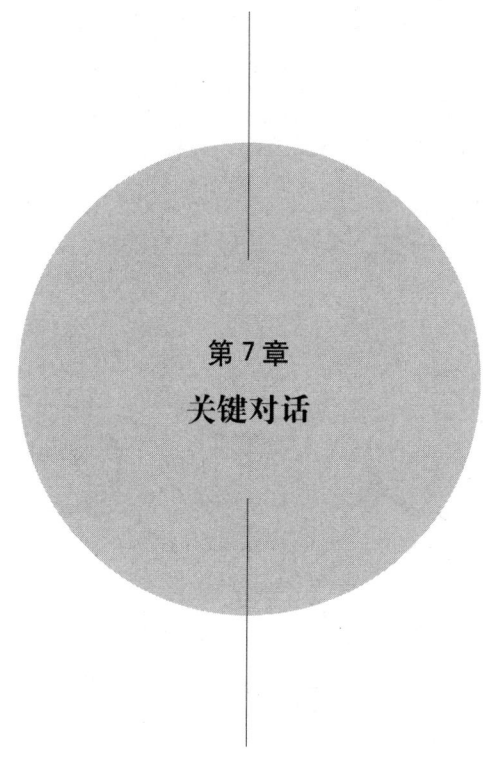

第 7 章
关键对话

在信任的氛围下,进行有意义的交流

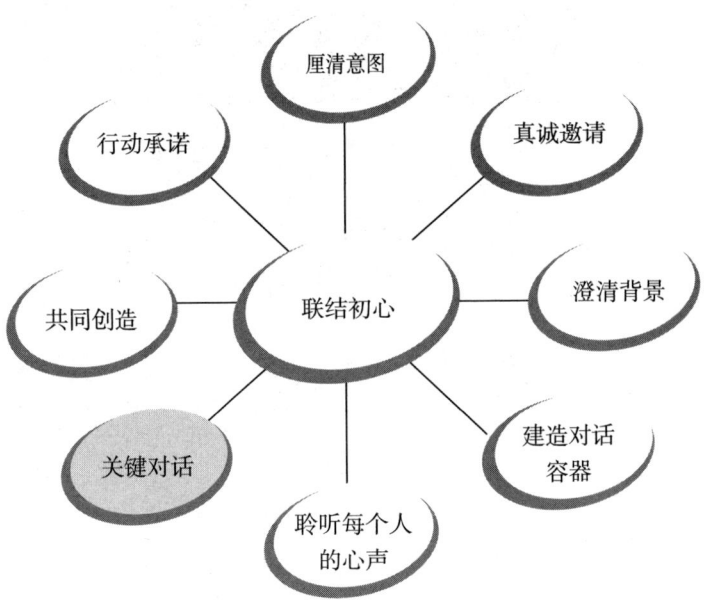

有意义的对话

从多个方面看,关键对话就是全身心投入、真实参与。为了能够进入"关键对话"阶段,我们需要经历召集力模型中之前的各个环节。通过前面的准备,基于彼此的尊重,我们欣然进入"关键对话"环节。在这个环节,信任和安全起到了非常重要的作用,确保了对话的品质和大家参与的真实性。

参与者越是真实地参与,就越有动力、越愿意共同畅想最美好的未来,也越愿意为之担责。当大家的创造力和智慧被激发出来后,对话成果就会被强化。

当对话容器被建造好后,我们开始聆听每个人的心声,就像开启了一扇门,整个会场进入"关键对话"的操练时刻。

"关键对话"环节有很多可以使用的对话方法,我们列举一些常用的方法:世界咖啡会谈法、Bohmain 的对话法、欣赏式探询、围圈对话法等。我们常用的有两种:一种是用提问引发"爆米花"式的反思,就是让每位参与者表达所有的感受,就像爆米花爆开那样当众表达出来;还有一种就是分成小组,在小组内对话。这两种对话方式,都需要召集人发出对话邀请,邀请大家谈什么或者就某个"问句"展开对话。这时召集人要提醒大家对话的流程、对话的原则(例如深度聆听、放慢节奏、给彼此的差异留出空间等等,详见书后的"召集人的工具箱:可用的资源"),其中的关键就是感召参与者全心全意地把自己的智慧与他人分享。

在"关键对话"环节的主要挑战是"自我意识过剩"。"自我意识过剩"指有些人头脑中有很多声音，表现出来就是自说自话，主导和控制谈话的内容，而有些人则在讨论中几乎一言不发。这些行为都会妨碍人们呈现脆弱之处，真实坦诚地沟通。召集人要能够对这些人际交往障碍保持觉察，不仅仅是对参与者，也要觉察自身。建立和重建信任是克服这个挑战的关键。只有这样，真实参与和贡献全身心的智慧才会发生。

在"关键对话"环节，召集人要使用各种专业技能来促进对话的展开，例如领导软技能、团队引导技术、教练技术、培训技巧等，目的就是让大家真实地参与。

召集力的模型我们已经介绍了四分之三，可以说，"关键对话"是召集会议中最具参与性的环节。当我们把信任和尊重的基础打好，参与者之间就能相互依存，共创美好的未来。整个过程就像是在耕田播种，我们把环境准备好了，就能够在生命能量层面上让所有人相连接，形成一个更大的生命体。

挑战：自我意识过剩

如上所述，在这个环节中最主要的挑战是"自我意识过剩"，即过分关注自我，例如在他人面前表现得尴尬、局促，会回避与他人的目光接触、头低下来，要么不讲话，要么只讲话而不聆听他人。无论哪种状况出现，要想做好"关键对话"，直面"自我意识过剩"是关键。

召集人可以放慢对话的节奏，让大家回到熟悉的背景下，例如再带大家做一次"聆听每个人的心声"，这样有助于处理"自我意识过剩"的状况。另一种方法就是坦然承认我们自己也有"自我意识过剩"，并展示出自己有勇气去改变它。无论我们用什么方法应对这个挑战，我们都要竭尽所能，释放自己内心的恐惧，以身示范"真诚"。

外向和内向的两难

帕姆召集过一个大型保健机构的管理者常规会议。事后她分享自己的经验，说在"关键对话"这个环节，她的召集力得到了很大的提升。

她在带领参与者"聆听每个人的心声"之后，开启了一个针对当下议题的对话。现场有两三位性格外向的人，他们的发言占用了大部分发言时间。而有三四位性格内向的参与者，他们可能是过于关注自我，也可能是不愿意去打断别人的发言，表现出来的行为就是在那里坐着，听那些性格外向的人讲话。

当帕姆注意到这个情况后，她就让会上的发言暂停，说："请大家稍微暂停几分钟，我们一会儿再继续讨论这个议题。我想先听到每个人对这件事情的看法，然后再继续讨论。"

这时还有性格外向的人嘴巴停不下来，帕姆就非常坚定地守护参与原则，同时表达出对正在发言的人的尊重。她说："我们想听到你的意见，但现在的规则是要聆听每个人发言。你别急，接下来会给你表达的时间。"

帕姆就这样为大家护持了一个安全、信任的对话容器，允许每个人的智慧被充分地展示出来。

原则：有意义的交流能够创造彼此连接、相互依存的整体

当我们的交流缺乏意义时，我们要么讲些陈词滥调，要么就是试图把自己的想法安装到对方的脑袋里，忽略了聆听和理解他人。如此一来，即使话题是有趣的，我们也会与周边人断开连接。我们在表达或聆听他人时，若能带着对对方的体贴，而且我们自己所讲的是有意义的，就能与他人建立连接。

当我们感知彼此相互依存时，我们就会看到大家的未来是绑在一起的，真实的参与就会继续。如此一来，人们就能够参与一场有意义的交流，有力地促进彼此的相互依存。

关键问题

- 我们准备好进入"关键对话"了吗？
- 我现在对什么有了觉察并保持开放的心态？（之前我并没

有觉察和做到开放。）

・现在有什么智慧已经显现出来了？

当我们经历了"聆听每个人的心声"后，以上问题是召集人要问自己的。第一个问题是让我们评估大家是否准备好进入"关键对话"环节。比如大家是否已经安静下来，是否有迟到的人错过了前面的内容。必要的话，我们还会再做一轮"聆听每个人的心声"，或者重申会议的背景、目的和参与原则。

我们也会问自己留意到什么新的、之前未曾注意的事物。可能是某个参与者在"聆听每个人的心声"时的发言，也可能是整个团体的能量改变。这也是一个很恰当的时机，可以让我们留意自己的观点和立场对参与者的开放度有怎样的影响。

我们想让参与者感受到"关键对话"是自然发生的。通过回答以上关键问题，我们就可以确定怎么做最合适。召集人要相信整个会场中已经具有我们想要的一切了。

如何实践

有很多方法可以让召集人引领"关键对话"。如果我们前期准备做得充分，大家都清楚会议的意图，通过"聆听每个人的心声"，参与者已经深度地彼此连接，这时候大家在智力、情感、能量层面都已经准备好进入一个更关键的阶段。启动"关键对话"，可以通过邀请大家分享自己的反思或评论开始，可以是自由表达，也可以是围绕某个问题展开。召集人要为高效互动提供一个最佳的框架，有时也可以邀请参与者轮流发言、互相倾听。

"让喧闹发生"

对于参会人数较多的场合，一个非常有效的进入"关键对话"的方式就是把大家分成 3~5 人一组。让大家围绕某个主题或者问题进行对话，这会使参与者有同路人的感觉。这种能够让参与者促膝交流的小组模式能够鼓励大家深度聆听和分享。在我们常年主持的"思想领袖研修会"和其他的一些会议中，我们称这种分组对话为"智慧圈谈话"。这个流程设计有助于激发出参与者的智慧。

经过一两轮的小组对话环节后，召集人这时候可以邀请每个参与者（或者是某些参与者，或者是任何准备好发言的参与者）向所有人分享他们的想法。

此刻需要召集人展现其领导力

虽然在"关键对话"环节，参与者已经能够自动自发地投入对话，但召集人并不是没事可做了。在这个有时会显得乱哄哄的阶段，召集人需要运用不同角色的技巧，有时是领导者，有时则是引导者，有时是教练，有时又是培训师。作为召集人，这个时候要警惕参与者出现"自我意识过剩"的情况。召集人要带领参与者保持彼此坦诚、真实参与的对话状态。

在工作中创造意义

我们是一群小心谨慎但有意愿的学习者。我们摸索出一种新的共事方法，这种方法让我们意识到：把大家召集在一起用同一种语言和流程去解决我们的问题，这不仅能够给我们赋能，也能够在彼此间建立信任。我们并没有什么特别之处，最大的心得就是要创造一个能够产生有意义对话的场域，单单这个就可以产生很大的力量。

最令人激动的是在这样实践了6个月之后，我们形成了一个有社群精神的共同体。召集力的原则和方法使我们能够表达关爱、真正地理解、建设性地分享观点。我们也承诺把有价值的和组织需要的在组织内推广。我们在这里分享从同伴、客户那里学到了什么，分享各自的成功故事，也会对新产生的应用和行动做出承诺。

掌握和运用召集力的原则、方法、工具、技能可以作为一种能力发展。它的益处不仅仅有可见的部分，也有不可见的部分，都能够促进组织中人力资源的效能提升。我发现在商业组织中，人们通常不好意思提及"初心"，然而恰恰是怀有"初心"地召集会议，能够真正地增强其商业影响力。

——安妮·格里斯沃尔德[2]

当我们观察到参与者出现个体或集体的焦虑、不愿参与、关系不和谐时,参与者的关注点就倾向于自我。召集人可以通过第4章提到的"过渡和转换练习",让大家再次回到当下,然后邀请每个人表达自己的心声,再次向大家复述参与原则。这时候,召集人要能够快速评估所有的会议要素,包括参与者的个性特点、会议流程的设计、会场的布置,也包括召集人本身的个人能力。驾驭这种场面,就像开车一样,主持会议的次数越多,召集人就越有经验,越能够做出直觉性的判断和决定。

在"关键对话"环节,保持信任和真诚是成功的关键。我们需要参与者全身心地参与并贡献自己的智慧。这是可以很自然和轻松地发生的。有时这个过程也伴随着各种情绪和混乱。请牢记,召集人并不负责直接解决问题,而是让事情或人的状态变得更好。召集人的任务是营造好一个空间和场域,让参与者们发挥天赋、贡献才干。

信任

当人们身处一个其感到安全、能够讲真话的氛围中时,人与人之间的信任也会逐渐建立。当人们清楚对话的规则,相信所听到的其他人的发言都是真心话时,"关键对话"就发生了。如果大家相信彼此都在真实地表达,各自把真心话摊到了桌面上,整个对话的氛围就会有很大的转变。可能之前还有困惑、不信任、敌意,经由关键对话的展开,大家会有一种共同掌控会议的感觉,觉得与其他人属于同一个团体。

实现彼此的信任可不是件小事,我们所处的世界让我们不断强化"不信任"。在人们的心智中,"不信任"往往是根深蒂固和不必质疑的。

对他人的不信任或警惕会对我们日常的交际产生负面影响,对每一次会议也是。如果人们花力气去怀疑和猜测别人的言行的真实含义,就不能真实参与,也会缺乏创造力。这就是在召集力模型中,"关键对话"之前的各个环节非常重要的原因。化解"害怕"和"不信任"的方法就是要让大家体验到"信任"。召集人建造的对话空间要让大家感受到这是一个给予和接受的环境,在这种氛围下,真实参与才会发生。

请你想象一下,我们已经创建了安全和信任的对话场域,在这里,参与者一一介绍了自己,也表达了对这次会议的期待。最后一个人发完言之后,整个房间安静了下来。这时候,参与者们在想什么、有什么感受?这往往是个转折点。

在大多数情况下,人们在这个时候能够"看见彼此"。这通常发生在"聆听每个人的心声"环节。在那个环节,大家感受到彼此被看见,这为"关键对话"做好了铺垫。

彼此真实看见

当人们被邀请讲出自己的名字并表达自己真实的心声,也能够聆听其他参与者表达自己的观点时,令人惊讶的积极性改变就会发生。在上一章"聆听每个人的心声"中,我们提到了被听到的力量。接下来我们进一步把"表达自己"加进来。在对话中,人们能够在安全的氛围下,深度地表达自己和聆听他人。这会让团体产生很大的改变，而这常常不会被参与者注意到，但召集人是能够感觉到团体中发生了改变的。这个过程就是我们自己体验到"以自己真实的样子被听到和看到"，同时也"听到和看到对方真实的样子"。这会产生一种双方本质性的相互认可。在电影《阿凡达》中，一个不断提及的主题就是原住民能够"看见"彼此。在会议和聚会中，召集人要带着预感去观察和发现，当参与者出现"看见彼此"的状态时，就意味着大家准备好进入"关键对话"环节了。

再解释得具体一点，团体动力正在发生改变。生活中我们常常会遇到一些特殊情况，比如看似简单的事情却可以产生巨大的影响。在团体中，当我们从心底里表达自己时，我们就是在呈现自我脆弱的一面，并互相成为展现真我的见证人。即使只是讲出自己的姓名、来自哪里、当前的状态，这样的分享也能够让大家有共享的体验，好像房间里形成了一个穹顶，它让这个空间里的人们能够相互看到彼此共同的人性。召集人不断练习，提高自己在这方面的觉察能力和相关技能，就能够促进参与者真实地参与。"彼此真实看见"可能发生在"聆听每个人的心声"过程中，也可能发生在进入"关键对话"时，也有可能发生在这之后的过程中。这时候，人们能够体验到彼此互相依存、共同憧憬未来的感觉，人与人之间的信任也会增强，大家可以更加真实地参与，集体的智慧被进一步激发出来。

让自己的内心平静下来

当我把召集力的原则应用在我的项目规划和评审的工作中时,我发现以往令人觉得乏味的会议变得更有参与性,参与者更加活跃,也能够创造出更多可能。我以前在帮助青年机构检视其使命和价值观时,做得并不理想,通常是让这些年轻人找个导师就结束了。而使用了召集力的原则以后,我更清楚自己的角色定位了。作为一名召集人,我创建了一个让每一位参与者感到安全的对话空间,协助他们自己决定他们的组织该如何发展。

我设计了一个时间跨度达若干周的项目,让这个青年机构能够一步步实施其导师计划,最终完美收场。整个过程的高潮是这些美国青年围坐在一起,分享他们和自己导师相处的故事。这些曾经很难和自己的导师分享自己感受的青年人,在围圈对话中展示出了非常惊人的表达力。他们在这个项目中的收获和反思里,有很多富有洞见的想法。这段经历让我明白,对我而言,重要的是要克制住自己总想快速找到解决方案的冲动,我要"让自己的内心平静下来",带着敬畏之心,静待花开。这才是带着尊重的召集力的魅力。

——劳伦·佩特森

召集人凭直觉能够觉察到会议现场参与者的能量状态的细微

变化，并知道自己该做什么、不该做什么。召集人能觉察自己的内心状态，并能够连接自己的初心。我们不能指望所有人都能够关注现场的能量变化，只有具有足够的耐心和洞察力的召集人才能做到。召集人要能够感知团队的情绪状态，评估大家的能量状态、彼此之间的连接，以及和共同的未来之间的连接。这个时候需要让对话慢下来，找到大家共同的基石。在"关键对话"阶段，人们像是一个生机勃勃的生命体，能够带着活力互动，以一种有意义的方式共事。

我们在"思想领袖研修会"（Thought Leader Gatherings，TLG）中实践召集力的方法时，常常能够让参与者体验到"彼此真实地看见"。这个部分被设计到每一个时长为半天的"关键对话"中，因此对话成果很丰富。

思想领袖研修会

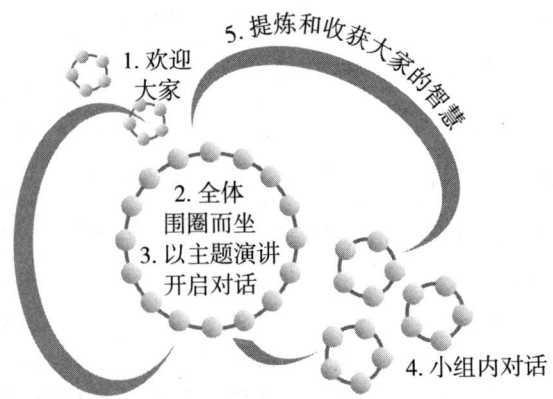

在通常为 4 个小时的思想领袖研修会中，我们在它的每个环节都能设计出"彼此真实地看见"的体验，在不慌乱的节奏下，有效地激发和展示集体的智慧。研修会的场地有着柔和的自然光线，能提供健康的食物，能够容纳 50~100 人互动交流、相互学习。从有人开启对话，到最终收获对话成果，研修会的中心是以全体围圈而坐的形式分享。研修会以大家围成一圈开始，以围成一圈结束。

环节的设计

参加研修会的人先是 6~8 人一桌吃早餐，旁边给每个人准备一把椅子，用椅子围成一个大圆圈，这个大圆圈在稍后会被分成若干小组，形成"智慧圆圈"（参见书后的"召集人的工具箱：可用的资源"）。一天的流程如下：

- 每个参与者到来时有人欢迎。
- 开场时，有人致欢迎辞，介绍会议背景，包括"思想领袖研修会"的历史简介以及当天活动的目的和日程。
- 和大家沟通参与原则，讨论大家如何进行高质量的有效对话。
- 做一个过渡和转换练习，发出邀请，请大家坐进大圆圈中。
- 大家坐定之后，召集人就会用穿宝珠练习，让大家"聆听每个人的心声"。
- 我们以主题演讲者来开启对话，让主题演讲者先做一段分享。
- 茶歇。
- 我们用"智慧圆圈"的方法，让大家进行两轮小组对话，每轮对话都会将参与者打混，也会使用不同的讨论议题。
- 大家回到大圆圈中，分享收获。

我们每月在明尼苏达和加利福尼亚召开思想领袖研修会，持续做了18年，核心设计就采用以上的框架。大家几乎每次都能体验到有深度的改变。

每次思想领袖研修会都是用召集力的框架来设计的，首先需要澄清这次研修会的目的，并把它转化成一封真诚的邀请信。会议场地被布置得有美感、让人感到安全，并能够促进人与人之间的互动。议程从致欢迎辞、澄清背景、建造对话容器，到聆听每个人的心声，每个环节都很流畅地彼此衔接。

我们的目的是要建造一个安全的对话容器，让大家能够体验到"彼此真实地看见"。"彼此真实地看见"有时会发生在会议的较早阶段，例如穿宝珠练习环节，或者是发生在稍晚的小组对话（智慧圆圈）环节，有时也会发生在最后的大圆圈环节，或最后收尾的分享智慧阶段。

在思想领袖研修会中，当这些条件准备好的时候，人们就启动了有意义的对话。这让每个参与者能够真切体验到与其他人有连接、相互依存的感觉，而且这种感觉会随着会议的进展逐渐增强。

目前我们在召集力模型中的位置

1. 联结初心：我们已经探索了自己的初心，即"我是谁"以及"我和他人的关系是怎样的"。
2. 厘清意图：我们已经厘清了会议的意图，它和我们初心的一致将是接下来行动的基础。
3. 真诚邀请：我们已经以友好、慷慨和真诚的态度向参与者发出真诚的邀请。
4. 澄清背景：我们已经向参与者介绍了会议的背景、目的、形式、内容。
5. 建造对话容器：为参与者创建一个安全的、有益的空间，使大家能够真实参与。
6. 聆听每个人的心声：让参会的每个人都发言并被其他人听到，创造真实的完整感。
7. 关键对话：人们已经进入一种彼此信任、有意义地交流思想的状态。

"关键对话"是一个令人兴奋的阶段，充满能量且有影响力。随着对话的进行，会有关键的成果形成，这就是下一章"共同创造"的主题。

本章要点

挑战：自我意识过剩。

原则：有意义的交流能够创造彼此连接、相互依存的整体。

关键问题

- 我们准备好进入"关键对话"了吗？
- 我现在对什么有了觉察并保持开放的心态？（之前我并没有觉察和做到开放。）
- 现在有什么智慧已经显现出来了？

本章的强化练习

召集人的检查清单

- 对参与者进行情绪评估，你是否听到了每个人的声音？
- 这通常是放慢对话的好时机，可以找到彼此的共识基础。
- 这个团体有什么能量流失的情况？觉察是否有过于关注自我的迹象？
- 你是否感受到"参与者彼此真实地看见"？
- 评估参与者的能量状态以及彼此之间的连接情况，还有大家和共同的未来的连接状况。

练习1：关于对话的重新定向和反思

当你和一个人对话的时候，如果你想让对话从一个相对肤浅的层次进入更深入的层次，可以考虑以下方法：

1. 简单地询问你的交谈伙伴："我们能否先暂停我们的谈话，安静一下，回想我们这次聚会原本是为了什么？"这样的暂停和反思，会让我们展开一个更有意义、能带来改变的对话。
2. 接下来讲出自己的想法，也邀请你的交谈伙伴分享他的想法。

反思是一种核心领导能力。在对话中适时地进行暂停和反思，可以放慢人际互动的速度，让人们能够更深入地思考这次谈话的目的。这样的反思会促进彼此聆听。聆听可以促进彼此理解，智慧则会随之孕育而出。

练习2：练习有意义的交流

1. 找到一个舒适、私密的空间，和你的交谈伙伴近距离地在一起。
2. 确定谁先讲话。找一个双方都感兴趣的话题，所谈内容要是你生活中对你有意义的事情，不要谈一些无聊的事情。
3. 保持彼此的目光接触，轮流发言，一个人讲的时候，另一个人聆听，不干扰。

4. 讲的人讲几分钟,听的人认真听,同时给予非口头语言的、肢体上的反馈。一个人发言完毕后,应感谢另一个人的聆听,然后交换角色,刚刚听的人开始发言。

5. 这样来来回回发言和聆听若干次,交换次数根据现场实际需要而定。

6. 在这个练习中,很重要的是避免给建议和语言上的反馈。如果有什么你觉得有必要未来一起进一步探讨的,你把它们记录下来,排到未来的日程表中。

反思性问句

- 请你回想一次在彼此信任的前提下,你经历过的有意义的谈话。那次谈话和其他的谈话有什么不同?
- 在你过往的经历中,什么时候你体验到了与他人能够"彼此真实地看见",对方能够感知到你生命的本质,同时也感受到了被你真实地看见?

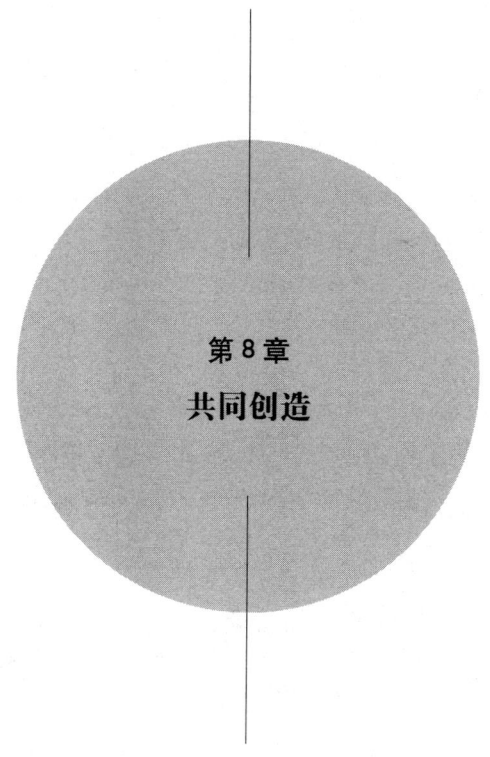

第 8 章
共同创造

在有共同目的和彼此信任的对话中生成"新的事物"

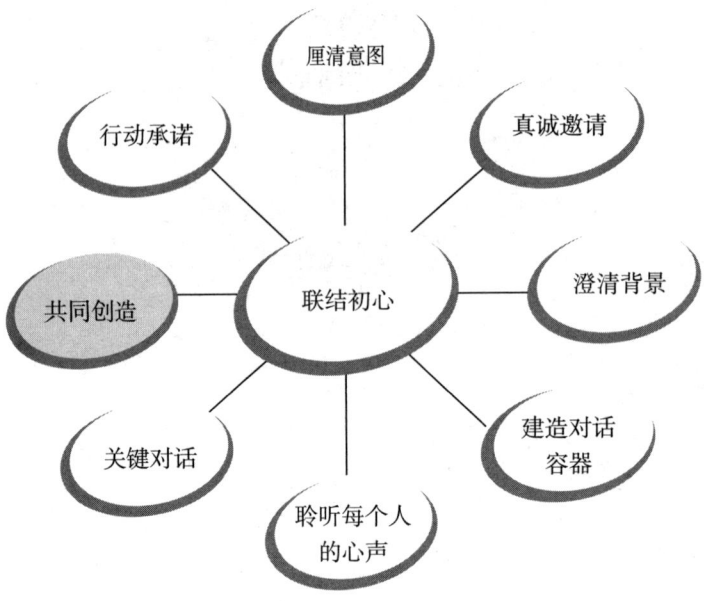

什么是共同创造

共同创造在召集会议的背景下,指的是人们在聚会中有新的收获,这是大家真实参与关键对话的产物。人们一开始并不知道会创造出什么,而最终的成果会超出人们的预期。然而当我们能够为对话的场域做好准备、调整好对话的氛围、提供促进对话的条件时,新的成果就会产生,就像园丁准备好土壤,植物就会从土壤中生长出来。

每一次聚会都有它的目的,基于这个目的,共同创造的可以是新的产品创意、新的市场营销策略或者是家庭成员更有意义的连接,

> 当我们被人聆听时,这种体验使我们打开内心和感到放松,同时,这种体验也在创造着我们。
> ——布伦达·优兰德[1]

也可以是与他人建立了新的关系,或是对更新了某个老事物。无论是哪种形式的共同创造,召集人的任务都是要守护好这个大家真实参与的场域,支持大家有所创造。召集人需要在某些背景下做必要的干预,例如人们渐渐不真实参与了,对话的安全容器需要加固,或者是有新的主题浮现出来需要被重视,都要加以干预。

作为会议召集人,大家都有各自的工具、方法,接受过相应的培训。当人们进入共同创造环节时,召集人可以运用自己的专业所长,带领参与者觉察到彼此的共同性,运用好集体的智慧、创造性、想象力。

真实参与是关键

当人们真实参与的时候，我们不再老生常谈，重复谈论旧话题，而是谈论当下对自己来说真正重要、真实的事情。这种安于当下的状态意味着所发生的对话是之前从未发生过的，当人们沿着召集力模型的各个环节，进入"关键对话"后，每个人都把自己独特的真实带入了当下，新的创造就会自然而然地发生。

挑战：有人不全身心参与

在会议中，从关键对话进入共同创造阶段，需要召集人和参与者继续真实参与，继续保持安于当下并对彼此的想法保持开放，这样整体的能量才会呈现出一个继续增长的状态。这时候如果参与者的状态是未全身心参与，例如参与者走神、不满、倦怠、抵触会议或批评他人，都会对会议的共同创造产生负面影响。

召集人在意识到会场上有些特别的情况发生时，一方面应允许会议流程继续，另一方面保持警觉，留意现场氛围和参与者的情绪状态。有时参与者的讨论已经偏离到另一个方向，会导致大家在能量层面、心理层面的不投入。召集人要能够关注并守护好团体的安全感，确保大家能够继续在相互信任的状态下前行。

在空气中，有一个场域，新的想法在其中来来回回。我们开始以新的频率与自己、与他人相处。

我们在这个场域里越自由地交流，越能够看到新的想法产生，对旧想法也会有新的理解。这个正在打开的空间，是一个放下旧想法、迎接新想法的场所。

我们看到了五颜六色的场域。我们带着设计理念进入这个广阔的场域，放下我们所有的已知，希望发现我们所寻找的：极具大局观的新想法、点子风暴以及新的创意、节奏、关系。

它们就在那里，在这个开放的、甚至无界的空间里。事情常常就是这样的，太开放、太吵闹、太快、太轻松，有时会有一点点狂野。

规则在这里不再奏效，疯狂的想法在这里奔跑、旋转，我们在这里独舞、共舞，时而自由地翩翩起舞，时而彼此碰撞、相互质询："为什么其他人没有像我这样看待问题？"人们捍卫自己的观点，或是自己看好的他人的观点。

太阳躲进了厚厚的云层，所有的色彩变得灰暗。

在这灰暗中，我们依然不忘自己的目的，因为我们知道，就要到达我们要去的地方了。

出路就在前方，在阴影处我们看到了光亮，有意义的新创意正在那里形成。

——伊丽莎白·贝克尔[2]

此时，可能会有参与者站出来质疑讨论的方向或者召集人的权威，召集人要能够把大家的关注点拉回到这次会议的主题（核心），在保持开放对话、求同存异的对话容器中，提醒大家这次会议的背景、流程和参与原则。通过如此对背景的强化，召集人能促进大家留意什么会被创造和生成出来。

原则：生成出之前未曾有过的新事物

生成出之前未曾有过的新事物，是创新和做出有意义的贡献的根本要素。

我们特别提出"新事物的生成"，因为它正是大家聚在一起的意义所在。人们聚集在一起，是因为需要更深入的彼此连接、相互学习、发现更好的合作方式、共同解决问题，或者是因为需要增进彼此之间的关系。人之为人，都有一种渴望，即把自己独特的天赋才干分享给他人。人们聚在一起开会，隐含的期待就是有新的事物生成，能够彼此影响，使大家离开时和当初到来时有所不同。

当"共同创造"发生时，无论是有了一个新的想法，还是更加成熟完整的思路，都会产生积极的、有意义的贡献，帮助大家共创美好的未来。

关键问题

- 我们在一起要创造出什么?
- 我们如何识别并收获这些被创造出来的智慧?
- 有什么新的洞见可以应用在我们彼此的关系、社群、个人生活或组织业务中?

作为召集人,当进入"共同创造"这个环节后,我们要能够坚持问自己以上这些问题,将产生的所有新洞见及时记录下来。召集人自身的创造力经历多年的修炼,能够帮助召集人有效地识别出什么是新的成果。

识别出新的成果是非常有帮助的,然而有些新的成果是不可见的,它们可能是内在思维模式的转变,或者是对过去旧想法的重新审视。这些新的成果通常就摆在我们面前,需要我们识别出来。

如何实践

我们在会议开始的时候就和参与者交代了会议的目的。有时大家对会议目的有了基本的理解,但仍不清楚大家聚在一起会创造出什么。召集人要聆听参与者的倾诉,对重复出现的对话主题和共鸣保持警觉。

对话容器的底差点破了

我曾经给一个有层级结构的团体做了两天的培训,因为这个团体遇到了严重的不信任和彼此轻蔑的问题。在培训快结束的时候,原本建造好了的安全对话容器差点破了。

在那两天里,我们通过分享个人、集体的故事,让大家共同探索未来的各种可能。

大家也很努力,形成了共同的参与规则,清楚了会议的背景和目的,也一次次地聆听到每个人的心声,包裹在恐惧和嘲讽外面的那层壳也渐渐裂开。大家渐渐地能够看到彼此拥有共同的价值观和愿景。这个过程是相当美好的,当时整个会场浮现出共享的智慧和信任。

这时有一位参与者在分享了自己的脆弱经历后,哭着离开了会场。其他人惊愕地看着我,希望得到答案。我那时候感觉到整个团体的美好氛围正在经受考验。

这时有人问我为什么会这样,她说了什么以及她在指责谁。也有人不说话,向后退缩。我知道这是对这个团体的最真实的考验。他们相不相信自己刚刚共同创造出来的东西?他们能否承受真实的对话?他们是否有勇气继续,为大家一起制定的行动方案做出承诺?

他们是否有勇气作为一个集体,在这种令人不舒服的氛围下待在一起,守护彼此?我作为召集人,能否坚信我自己的内心做好了足够的准备,放下自己内心的怀疑和恐惧,如我希望参与者做到的那样?

作为召集人,我必须决定要做些什么。我的直觉告诉我要按照原计划继续,要相信大家已经建立的信任关系。

我们短暂休息了一下。我把大家召集在一起,我问那位刚刚离场的人是否愿意分享她内在发生了什么。她非常坦诚、直接地回应我,说她刚刚经历了一个突破,现在已经能够直面自己的恐惧和担心了。她曾经担心别人如何看待自己,害怕被别人评价为懦弱者和低效者。她讲出这些话的时候,她的坦诚给整个团体赋能了,现场的人对她的脆弱有了更深的同理和认可。

现场原本凝重的气氛瞬间变得轻松了。

这个时候,大家再次准备好,彼此信任和依靠,形成一个相互依存的整体。就在这最后的短短几分钟里,整个团体发生了真正的改变。真的很神奇!

——克雷格·尼尔

在"共同创造"这个要素中,"有意识的滋养"是很重要的。正如我们松土、播种、浇水、除草,最终长出植物,同样的道理,召集人就是在守护和协助新事物的生长。然而,植物的生长是不需要其他人做什么的,尽管我们外在的滋养可以影响它是否生长得健壮。在"共同创造"这个环节中,我们可以创造出原本没有的新事物,或者鼓励不一样的生发,或者是对我们已有的想法进行新的拓展。

在"共同创造"这个阶段,我们要做的就是建造一个能滋养人的对话容器,让新的成果在这里自然产生。这个阶段对于召集人而言需要精微地关注,召集人所做的干预是基于觉察和带着机智的。见证对话中新的成果产生,就像见证植物从地底下破土而出那样。召集人这时候要密切关注参与者的一些言行举止,关注对话的容器是否依然安全。这时候参与者之间也会测试彼此,测试对话容器的结实程度。

"共同创造"发生在"关键对话"之后、"行动承诺"之前。参与者在这个环节可能会经历一些微妙的、难受的体验。如果召集人把自己的功课做好,无论这个创造的过程多么激烈,参与者都能够照顾好自己。

捕捉"共同创造的脉搏"

识别并捕捉到对话中的创造有时是容易的,有时则会让人难以捉摸。召集人在创新工具和流程方面的个人及专业历练对顺利实施这个环节是有帮助的,能帮助我们有效识别和捕捉对话中的创造点。召集人凭借自己的常识,觉察出团体能量的微小或明显的变化,进而识别出会议中新的成果。

以下是我们可以关注的点:

- 是否大部分参与者都全身心参与？如果不是，不能全身心参与的人是谁？为什么他们会这样？这时候需要做些微小的干预，例如邀请不太投入的人发言，让他们为会议做出贡献。
- 你感受到大家是"达成了一致"、"彼此有冲突"、"犹豫不决"，还是大家还在创造中？召集人要能够觉察出这几种情况，要准备好决定是继续对话，还是退后一步，又或是保持一段时间的等待？
- 觉察大家话到嘴边还未讲出来的是什么，那些可能就是我们在等待的要生成的新事物。

捕捉"新事物的生成"，并让参与者能够对此有所觉察，是召集人的职责之一。召集人使用各种工具，例如绘画、记录、书写等方式，来强化对新事物的呈现。召集人在团队引导、教练技术、教学中所学的提问技巧，也会帮助参与者呈现对话中创造的新事物，而有时他们都没有意识到这些是新产生的。

在"关键对话"环节，召集人戴上了引导师的角色帽子，有很多引导的方法能够协助激发个体和集体的创造。在第7章中我们提到在"关键对话"环节，召集人可以根据参与者的文化背景、自己的团队引导经验使用各种技巧、工具和方法。《变革手册》（第二版）（作者为佩吉·霍尔曼、汤姆·德韦恩、史蒂文·卡迪）就是一本介绍各种团队引导方法和工具的手册。

握紧和放手

创造的过程常常会给人凌乱的感觉,有时是充满火药味的,偶尔是容易驾驭的。

在召集力模型中的"共同创造"环节,人们的期待值最高,这个阶段对大家能够安于当下的要求也最高。请想象一下那些在龙卷风风眼里的大树,它们的根深深扎在泥土里,它们的树干能够随着狂风弯曲、摇曳,任凭狂风侵袭。

在这个阶段,召集人要能够坚强地守护好对话的容器,尊重每一个参与者,守护他们作为一个共同体的一分子与其他成员间的关系,这样对话中新事物的生成才会与这个群体聚在一起的初心、目的、价值观相符。

目前我们在召集力模型中的位置

1. 联结初心:我们已经探索了自己的初心,即"我是谁?"以及"我和他人的关系是怎样的?"。
2. 厘清意图:我们已经厘清了会议的意图,它和我们初心的一致将是接下来行动的基础。
3. 真诚邀请:我们已经以友好、慷慨和真诚的态度向参与者发出真诚的邀请。

4. 澄清背景：我们已经向参与者介绍了会议的背景、目的、形式、内容。

5. 建造对话容器：为参与者创建一个安全的、有益的空间，使大家能够真实参与。

6. 聆听每个人的心声：让参会的每个人都发言并被其他人听到，创造真实的完整感。

7. 关键对话：人们已经进入一种彼此信任、有意义地交流思想的状态。

8. 共同创造：我们在会议中观察和培育新事物的生成。

当我们处在"共同创造"这个环节时，我们已经做了非常充分的准备，大家的相聚也渐近尾声。我们需要捕捉到参与者所产生的能量和智慧，方能进入下一个环节"行动承诺"。

本章要点

挑战：有人不全身心参与。

原则：生成出之前未曾有过的新事物，是创新和做出有意义的贡献的根本要素。

关键问题

- 我们在一起要共同创造出什么？
- 我们如何识别并收获这些被创造出来的智慧？

- 有什么新的洞见可以应用在我们彼此的关系、社群、个人生活或组织业务中？

本章的强化练习

召集人的检查清单

- 我有没有准备好在会议中有新事物生成的时候，将它识别出来？
- 我有没有准备好收获和整理会议中生成的新事物？
- 我用什么方法才能够守护好大家，让每个人在"共同创造"的过程中都能全身心参与？

练习1：像孩童一样用初学者的心态行事

概述

你有留意过 6 岁以下的小孩子如何无拘无束地玩耍吗？他们如何看待身边各种事情的联系？他们用那份天真的初学者心态行事，对事物保持开放、渴望的心态并且不预设立场，这是我们要向他们学习的。

如何做

花一些时间和 6 岁以下的孩子在一起，最好是一群小孩。可以去给托儿所、幼儿园或是儿童团体做义工。让自己和他们的状态保持一致,跟随他们活动,持续一两个小时,留意会有什么发生。

问题

- 这些小孩在相处的过程中,哪些言行举止和成年人相同、哪些不同?
- 在他们玩耍的过程中,"好奇"和"惊讶"会扮演什么角色?
- 小孩子是如何创造新事物的?这个和你的体验有什么异同?
- 你的哪些"预设观点"阻碍了你保持初学者的心态?

练习2:观点构建

所需材料:为每个人提供大的便利贴、纸、笔、支架式白板、马克笔、胶带。

当你遇到一件让你内心矛盾、难以决策的事情时,你可以邀请至少两个人参与"观点构建",来帮你创造出一个你独自完成很难得到的结果。要选择你信任的、但与你观点有差异的人参与。

1. 先向大家介绍这次活动的流程和规则。
2. 通过穿宝珠练习,大家能够安于当下,准备好参与一场有意义的对话。
3. 向大家介绍你的目的、希望成功的样子、你的核心想法、你所面对的挑战。你接受大家的澄清性提问,确保大家都能清晰理解。

4. 头脑风暴：

a. 让每个人（包括自己）静静地写下 10 个以上的想法，可以是解决方案或是建议。

b. 每一个人轮流讲出自己的想法。大家只是认真地听，不给予评价。每个人讲完之后，把他们提出的点子贴在白板或纸上。

c. 继续以上过程，直到所有人都讲完自己的观点。将写有点子的白板或纸张贴出来。

d. 聆听大家的反应，看看有没有什么共同的主题浮现出来。这时候允许大家提出一些澄清性问句。

5. 第一步整合：把想法分类，合并相同的想法。

a. 分类之后，选出最主要的三四类想法。

b. 邀请每个人针对这三四类想法做头脑风暴。

c. 让每个人读出自己的想法，张贴出来。大家一起来观察和反思，允许提问澄清或分享自己的观察。

6. 第二次整合：整合成一两个大主题。

a. 反思整个过程：所有的想法背后有什么共通之处？什么是大家的能量集中的焦点？

b. 感谢参与者，谢谢他们的参与和贡献。

反思性问句

- 回想你人生经历中与一个团体达成共识的过程,当时是否有创造出什么新事物的体验?
- 当时有哪些干扰因素(参与者的不满、倦怠、害怕或是混乱)?它们是如何呈现出来的?后来是否被克服?怎么做到的?
- 作为召集人,你如何回应这种局面?做出了反应还是没有什么反应?
- 在那个过程中,有什么被共同创造出来?什么情况下"对共创的渴望"超过了"害怕",允许不确定的结果的生成?

第 9 章
行动承诺

个体和集体对进一步行动做出负责任的承诺

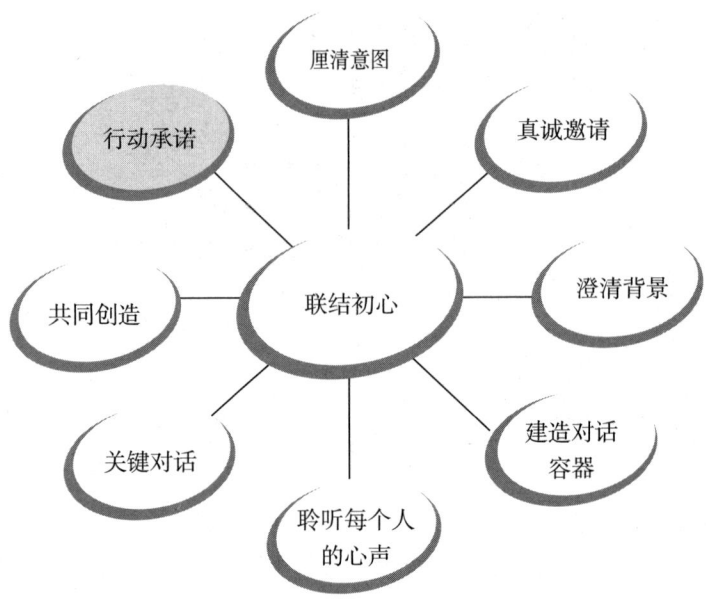

我们为什么需要行动承诺

为了把"共同创造"环节的收获付诸实践,我们要进入下一步:行动承诺。如果没有"行动承诺",我们之前的集体创造就会打水漂或者效果大大缩水。

这是召集力模型中的最后一个要素。在"行动承诺"中,新的机会应运而生,引发进一步的合作。虽然这是最后一个要素,但并不代表这就是会议的结尾。我们之所以用"车轮"来比喻召集的过程,就是因为这些要素是可以循环往复的。在会议、聚会、对话的过程中,我们可能会经历若干个"行动承诺"的环节。人的生命历程就是如此,是一个持续往复的旅程,而非单方向地直奔终点。

"行动承诺"可以有多种形式,可以是"决定做什么",也可以是"决定不做什么";可以是某个人同意承担某项责任,也可以是某个集体共同同意承担某项责任。"行动承诺"可以是公开的,也可以是不公开的。"行动承诺"不应只是一个"待

> 与其坐等一件对世界有益的、了不起的事情发生,不如现在就开始,召集与这件事情相关的人员,一起围坐在篝火或者餐桌旁,为他们提供食物,让大家展开对话,彼此分享自己内心深处的梦想和愿望,相互滋养,谈论真正关心的话题。要带来改变,我们首先就要从改变自己开始。
>
> ——明克斯·鲍瑞恩[1]

办事项清单",而是人们内心拷问自己、决定承担责任的行动。

召集人引导大家全身心地参与会议、对话,建立人与人之间的连接和信任。当人们共同守护和滋养对话中新的成果时,"行动承诺"就会自然而然地发生。学习如何行动承诺,是大家真实参与的结果,是有效且令大家满意的。大家发自内心地彼此认同、理解并汇聚能量,一旦这些能量聚集到行动承诺上,会带着大家走向共同的未来。

挑战:缺乏协调一致

我们是否就如何前行达成了一致意见?如果行动承诺需要来自团队的协调一致,我们就要对团队中新产生的、有价值的、有潜力的想法保持警觉,因为这些新产生的想法最需要参与者达成一致理解。我们在这个环节寻觅惊喜和突破,找到能够真正让大家兴奋的新共识。如果识别出参与者未真实参与,或者发现真正的一致理解还有缺失,召集人就

> "共同创造"意味着激发出了一个成员间连接得很好的社群的深层智慧和潜力,超越了成员各自掌握的知识。"行动承诺"是对"共同创造"这个过程的肯定和自然延续,激发出要"令其成真"的热情。
>
> ——迈伦·劳[2]

要做出干预。

对于召集人而言，从共同创造到行动承诺是一段"放下"和"迎接"的过程，它是非常自然而然、不费力气、逻辑很顺畅的过程，也可能会遇到抵制、对抗或冲突。

在这个环节中，我们会感受到最强烈的行动力和能量。作为会议的收尾，人们倾向于能够有一个完整、利落的整合。人们因为一个目的聚在一起，也期待能够有所行动，进一步推动事情的发展。

召集人对创造过程的鼓励和支持是很关键的。召集人要保持觉察，观察现场人员的状况，既允许混乱和有序，也关注参与者的不满或惰性表达。即使在会议的收尾阶段，保持参与者的参与度和继续探索的状态也是很必要的。

原则：协调一致的行动会推动事情朝着大家共同希望得到的结果前行

协调一致的行动会推动事情朝着大家共同希望得到的结果前行，大家也愿意对此担责。

到了"行动承诺"这个环节，接近了这次会议的尾声，大家经历了整个召集力模型的各个要素。如果一切进展顺利，所有参与者会达成一致，明白什么是真正需要的。在这种协调一致下，有意义的新行动产生，大家也愿意对此担责。

"行动承诺"是大家聚在一起产生的结果之一。召集人要能够感知到在参与者协调一致的过程中，会有什么新的成果。召集人会邀请大家把这新的成果整合到共同的未来中，并为之担责。人们聚在一起，真实且真诚地参与，大家达成一致后的行动承诺就会非常有效且令人满意。

关键问题

- 要实现高度的承诺、担责，需要做什么？
- 什么是正在发生或已经被列入行动计划中的？
- 要使大家更愿意去行动，我还需要采取哪些措施？

以上问题的答案，有些是召集人注意到但其他人未注意到的。作为召集人，我们要能判断在那个当下什么是需要的，哪些行动需要大家去达成一致。我们设计了行动承诺表单，以整理出大家对未来的行动承诺。

在这个环节里，很关键的是用什么方法来展现参与者的行动承诺，可以是口头的、书面的，可以是集体的或者是个人的，也可以是公开的或者是不公开的。召集人的责任不是要迫使大家做出承诺，而是要引导整个过程。召集人的责任是创造机会，让大家能够协调一致并做出承诺。

线上会议中的行动承诺

一家全球性非营利组织的执行官想把他们的月度例会从面对面开会改成基于Zoom、使用召集力方法的线上视频会议。

这家组织遇到的挑战是员工的参与度以及组织所产生的影响力都在下降,是时候要引入年轻一代参与领导工作了。这位执行官决定使用新的科技来提升组织的效能和价值,尽管组织中的一些老员工对此持保留意见。

我们一起讨论使用"如何召集超赞的线上会议"培训中的工具方法,把平日线下面对面会议中的最佳实践应用到线上会议中,确保参与者的投入度。

通过使用召集力模型,我们帮助这位执行官设计了一个可复制的会议结构以支持以下四个目标:有更高的投入度、促进人际关系、重组会议结构、有可持续的成果。这些都是线下会议能够做到的。

我们先给大家做了一次Zoom线上会议平台的使用培训,让大家熟练使用技术工具。我们也介绍了召集力模型。

我们通过以下几点重构了线上会议,该设计适用于大多数线上会议:

- 会议形式从少数主导者发言并占有大多数时间、其他人回应且不是每个人都能参与的模式，转变成有人引导、有时间控制、有意识邀请更多人参与发言。

- 这位执行官和我们所召集的每一次 Zoom 线上会议，都参照召集力模型，从"联结初心"开始，到"建造对话容器"，为这次会议设置具体的参与原则。
- 我们建议大家"聆听每个人的心声"，使得每个人能够安于当下，并为会议担责。这个环节有时间限制，以确保能够高效进行。
- 在委员会做报告时，我们鼓励大家就他们的疑问或者观察思考在 Zoom 的对话栏里留言。执行官和我会识别哪些是关键问题。关键问题要委员会负责人来回答。回答问题也有时间限制。
- 我们使用 Zoom 的分组功能，鼓励大家在小组里讨论和互动。我们邀请大家做好笔记，这样等回到大组的时候，就能够做简报。
- 每次会议都有一个有引导的"社群围圈对话"，让参与者分享自己在这次会议中有什么灵感、收获或是观察结果。每个人都被邀请参与，用精简的语言表达。会议应尽可能让更多的参与者参与进来。
- 每次会议都有一个限定时间的"结束感言"环节，让大家谈谈接下来的行动承诺。

我们从中学到了什么？

这种线上会议和这家组织多年以来的开会方式很不一样，实施过程中也遇到了阻力和抗拒。现在这个变革的过程还在进行中。在运用召集力开线上会议 11 个月之后，这家组织成功地实现了既定目标，而且把召集力模型作为他们组织的最佳实践工具之一。

——帕特丽夏·尼尔

如果承诺发自内心，参与者就都会为自己担责，这是大家真正地为自己的未来担责，而且这种发自内心的担责不是通过强迫、激励和操控实现的。

如何实践

人们聚在一起，聚集能量和智慧，向着一个共同的目标努力，促进了有意义的行动。我们走到召集力模型的这个环节，就是到了要做决定的时候，决定要坚决。作为召集人，我们要能够确保会议的成果与我们的初心和目的是相一致的，这样的话，大家就会愿意为会议成果担责。这时候，我们要扪心自问：有没有集体形成共振，带着真诚的态度，行动承诺？这反映了大家是否达成了一致。

这是一个契机，可以就此核实大家真实的承诺度和希望达到的承诺度。我们接受大家在不同阶段有不同的准备度，这样可以培养对个人的赋能以及推动集体行动。召集人这时候要非常仔细地关注哪个决定让大家最有热情，以及哪个方面是大家最有意愿去采取行动的。

寻找内心的善意

一家制造型企业和另一家公司合并了，两家都各有自己的人力资源部门和企业文化，做事风格也不同，也有看似不可调和的矛盾存在。克雷格被邀请设计和主持一个为期3天、在公司之外的地方举办的工作坊，召集两家公司的人力资源部门一起共创合并后公司的人力资源战略。

克雷格知道需要让大家体验到"我们是一起的"，才能够实现举办这次工作坊的目的。他使用召集力模型来带领大家参与。工作坊举办的前两天，参与者提前接触了召集力模型中的若干工具和练习，能够真实地投入进来。会场气氛时而高涨，时而有带着焦虑感的凝重。克雷格的挑战在于要持续维护好大家的较高参与度。他需要持续强调对话过程的规则，时不时把大家带回到"聆听每个人的心声"。参与者习惯性地同时干几件事情，相互间存在个性冲突。这些需要克雷格保持专注，确保大家的对话能够放慢节奏并且有深度。

包括克雷格，没有人知道会议的成果会是怎样的，也没有人清楚会议成果将如何应用到公司里。但克雷格就是坚信，这个团体会为他们自己做决定。

在工作坊的最后一天，有一个开放讨论环节，所有参与者围圈而坐，到底最终会出现怎样的结果呢？会是一个强制性、命令性的结果吗？这时来自母公司一方的人力资源总监起身发言。她说她和她的团队从另一个人力资源团队那里学到了很多，他们准备好了在新的原则和策略下与对方合作。大家之前通过开放和激烈的讨论而得到的核心价值观和行为准则，与这些新原则和策略是一致的。

她说她准备好了，能够做出个人的承诺，诚心诚意地和另一个团队合作，既使未来的工作中会出现意见分歧。

克雷格感知到"共同创造"已经发生，此刻正是一个集体行动承诺的时刻。他邀请每个人静默一会儿，感受刚刚那位人力资源总监做出的行动承诺。然后他邀请参与者轮流讲出自己在那一刻的感受，不一定就是针对那位人力资源总监说的话，可以针对当下的进程："你感觉到了什么？"

这时候，整个会场像被电到了一样，各种新的可能就此产生。

大家围圈而坐，一个接一个地分享着他们的所思所想以及被大家听见的美妙体验。很自然地，每个人都做出了自己要帮助新的原则和策略落地的承诺。

聆听每个人的心声就是在促进"看见彼此"，这种相互看见让大家意识到"我们是一个团队"。大家已经达成一致和做出承诺，要一起走下去。

如果大家在行动承诺环节依然有挣扎，我们就要接受这个现实，因为这说明还需要继续做些协调一致的功课。大家可能需要回到"关键对话"或"共同创造"环节，再次协调一致，或者邀请大家做出"尝试新方法"的承诺，或者带着善意从头开始。即使大家仍然存在分歧，也能够做到不停滞不前，承诺继续向前探索。

对承诺进行重构

在会议的行动承诺阶段，人们往往要经受绩效考量所带来的压力，这时对承诺的重构对会议的顺利进行是很有帮助的。与其让大家列出一堆行动项（我们原本的行动项就已经很多了），我们不如考虑使用以下问句，从另一个视角来看待行动承诺。

- 在接下来的30天里，什么对我而言是意义重大的？
- 有什么能够使我能冲出舒适区，开始新的学习和成长？
- 什么能够给我自己、我的团队创造出新的价值？

"承诺宣言"和"承诺卡片"是我们经常使用的两种有效的方法，可以应用在会议或聚会的收尾环节。

无论会议中我们使用了哪些研讨方法，"承诺宣言"都能够让大家在会议收尾时保持聚焦。我们简单地邀请每个人讲出自己接下来要做的行动承诺，使用穿宝珠练习，很关键的是要提出一个合适的好问题，请每个人依次回答，且不被他人打断。

下面是一些常见的适用于"承诺宣言"的问句：

- "基于我们要完成这个项目的所有必要工作，什么是你要在接下来 ___ 天做出的、能够推动整个项目走向成功的行动承诺？"（除了有些需要立即采取行动的事项，30天是一个比较合适的时长，足以让一些想法和策略得以实现。）
- "在接下来的30天里，你要做出怎样的行动承诺来增强团队的合作精神？"

"承诺卡片"也是常用的一种会议方法。在会议最后一轮聆听每个人的心声之前，我们给每个人一张卡片和一个信封，让大家手写自己的行动承诺到卡片上。注意：不仅仅认知上要有承诺，还要有肌肉记忆的强化。请大家回答问题的表达通常是："在我的生活和（或）工作中，我要承诺什么，在接下来的30天中实现？"

保持勇气的承诺

在经历变革（无论是积极的还是消极的）的过程中，很关键的是团队成员要能够被赋能，愿意承担变革推动者的角色，能够理解并掌控自己的行动，进而影响组织的文化和环境。这是我在召集力培训课程中最重要的收获之一。

召集力让我有机会和我的同事建立连接,并与之形成一个更大的共同体。它为我们提供了一个分享和反思的安全空间,而这在变革的混乱中通常被我们忽视了。召集力也给我提供了一些工具和技巧,来支持我的个人成长。我也可以将其应用在所处的商业环境中。

我学了很多关于如何聆听,如何建立富有成果、有意义的对话的技巧。作为一名品牌沟通方面的专业人士,我应该在沟通方面做得更好。我所发生的正向改变,归功于我的召集力培训和日常的对话实践。

我的承诺是保持自己的勇气,勇往直前,拥抱并影响变化的发生。感谢召集力对我的赋能,让我有能力做到这一切。

——劳伦·克特纳[4]

作为召集人,我们要不断地学习、实践和驾驭召集力模型中的每一个要素,并将其应用在接下来的会议、聚会中。我们要把"促进参与者真实参与"谨记在心。它是会议成功的基础,能够创造有意义的体验,催化出突破,产生转化性的成果!

目前我们在召集力模型中的位置

1. 联结初心:我们已经探索了自己的初心,即"我是谁?"以及"我们和他人的关系是怎样的?"。

2. 厘清意图：我们已经厘清了会议的意图，它和我们初心的一致将是接下来行动的基础。
3. 真诚邀请：我们已经以友好、慷慨和真诚的态度向参与者发出真诚的邀请。
4. 澄清背景：我们已经向参与者介绍了会议的背景、目的、形式、内容。
5. 建造对话容器：为参与者创建一个安全的、有益的空间，使大家能够真实参与。
6. 聆听每个人的心声：让参会的每个人都发言并被其他人听到，创造真实的完整感。
7. 关键对话：人们已经进入一种彼此信任、有意义地交流思想的状态。
8. 共同创造：我们在会议中观察和培育新事物的生成。
9. 行动承诺：会议结束前，大家做出个人、集体的行动承诺，担起向前推进的责任。

"行动承诺"是召集力模型中的最后一个要素，是终点也是新的起点。整个召集力的模型就像一个车轮，"联结初心"就是轮轴，支持着轮子上的每一个要素。

本章要点

挑战：缺乏协调一致。我们是否就前进的路径达成了一致？
原则：协调一致的行动会推动事情朝着大家共同希望得到的

结果前行,大家也愿意对此担责。

关键问题

- 要实现高度的承诺、担责,需要做什么?
- 什么是正在发生或已经被列入行动计划中的?
- 要使大家更愿意去行动,我还需要采取哪些措施?

本章的强化练习

召集人的检查清单

- 我是否知道我需要做出哪些承诺?
- 我是否知道使用什么方法,能够促进集体做出个人或集体的行动承诺?

练习1:反思性问题

回答以下问题,以更好地实践"行动承诺":

- 在创造改变的过程中,我的角色是什么?
- 我要做出哪些行动承诺?我如何才能做到为这些承诺担责?
- 回顾我曾经在生命历程中做过的承诺,它们对我意味着什么?

练习 2：重构你的承诺

行动承诺常常被写成"行动列表中的新增项"，我们需要重构它们。

- 接下来的 30 天里，什么对我而言具有重大的意义？
- 什么能够拉动我走出舒适区，开启新的学习和成长？
- 什么能够给我或我的团队创造出价值？

对于那些已经有很多"待办事项"的人，用以上问句来做头脑风暴，找到那些有意义且可行的行动承诺。

练习 3："10 倍承诺"

我的朋友比尔——蒙特利社会建筑学院的先锋人物，提出了一个"10 倍承诺"的思维模式和方法。它能够提升个体做承诺的能力。

"10 倍承诺"

众所周知，相较于轻而易举便可实现的成就，内心极度渴望实现又比较难实现的成就更令人激动、催人奋进。试想一个你曾做出的对个人或对社会都很有意义的承诺，然后在你的脑海中把这个承诺放大 10 倍，那便是"10 倍承诺"。这个"10 倍承诺"的任务看似不可能实现，但这就是它的价值所在。当我们渴望实现一件似乎遥不可及的事情时，我们就会建立一个信念，要为此奋斗终生。它比一件可预期完成的事情更容易激发人内在的强大潜力。

使用"10倍承诺"的技巧

- 把你的"10倍承诺"看成是一个持续的、不断演进的过程,而不只是一个具体的目标,把它看成自己的特权,而非一个让自己感到勉强而为之的职责。
- 给你的"10倍承诺"一个很长的期限(有些人把它作为终生奋斗的目标)。
- 找到或者组建一个团体,把你的"10倍承诺"作为一个核心奋斗目标。这意味着你不是孤军奋战。
- 在自己所在的团体中,不断地分享我们与实现"10倍承诺"的故事,把这种故事分享融入团体的日常运营中。
- 发展以服务为中心的思维模式,发现自己和他人的卓越之处。

练习4:30天承诺宣言

在你下一次召集会议时,如果你感受到大家就某个新的成果达成了共识,你可以尝试一下30天承诺宣言:

- 提出一个供大家反思的焦点问句:"基于我对今天会议成果的理解,我承诺在接下来30天中要采取的行动是什么?"
- 接下来,让每一个人轮流讲出自己的承诺。

- 另一种做法就是给参与者每人一张卡片,让他们把自己的承诺写在卡片上。他们离开时可以将卡片随身带走。

反思性问句

- 在你过往的人生经历中,你是否遇到过成员能够轻易达成共识,且就会议的集体决议做出承诺并愿意担责的团体?
- 在你协助大家形成真正的行动承诺的过程中,什么挑战和困难是你需要去克服的(惯性、分心、勉强、过多的任务等)?你克服这些挑战了吗?
- 对于以上这些挑战,你能想到哪些新的方法来应对?

我们的邀请

我们邀请你加入我们，让自己成为一间"客栈"。正如鲁米（Rumi）诗中的邀请，活在一种彼此能够完全真实参与的状态中。

当人们内心没有恐惧、宽容大度的时候，就能够恢复自己的完整。作为召集人，我们与人们内心的这种包容连接，而人们丰富的知识和智慧就会被释放出来。这些智慧会让人感到无论从个体层面还是从整个集体层面来看，大家是一个整

> **客 栈**
>
> 做人，就像是开一家客栈。
> 每个早晨，都有新的客人。
> 他们可能是喜悦、沮丧、吝啬，或是某个一瞬间的觉悟，就像是意外的访客。
> 要欢迎并款待每一位客人！
> 即便有时他们是一群悲伤之徒，会扫荡你的客栈，把家具清空，但还是要招待他们每一位，他们可能正为你腾出空间，以容纳新的快乐。
> 有时他们是阴暗的念头、羞耻、怨恨，你都要在门口笑脸相迎，并请他们进门。
> 无论是谁光临，都要心存感激因为他们都是上天派来的向导。
>
> ——鲁米[1]

体。当人们感受并体验到这种完整性时，人与人的连接、人与这个世界的连接会让我们彼此少一些敌意、多一些友好。

这是一份邀请，邀请大家成为一间"客栈"。所有的人，包括你自己和所有走进这间客栈的人都如你们所是的完整和完美。每一次与人的互动都是一次真实参与的机会，在这种真实互动中会有真正的改变发生。

我们活着，有这样的发生，真好。

——克雷格、帕特丽夏和辛西娅

召集人的工具箱：可用的资源

工具1：召集力模型总结

联结初心		
在与他人的关系中，我是谁？		
挑战 保持人与人的连接。在与他人的关系中，我们是选择对他人坦诚相待还是选择关闭心门？	**原则** 明白"我是谁"，使我能够更加真实地与人对话。	**关键问题** 作为一个人，我是谁？ 我的联结初心是什么？ 我和他人的关系是怎样的？
厘清意图		
使我们对会议的意图和自己的初心相一致。		
挑战 心存怀疑。	**原则** 意图是行动的基础。	**关键问题** 我的意图是什么？ 我的意图和我的初心是否一致？ 我是否有其他干扰性的意图或动机，需要我放在一边？ 我们在一起会成为什么？
真诚邀请		
发出真诚的邀请，整合自己的初心和我们对会议的意图。		
挑战 被拒绝。	**原则** 真诚、友好、慷慨都是保持全然在当下的要素。	**关键问题** 我要邀请谁？ 在我发出的邀请中，核心是什么？ 他们为什么要参加？

续表

澄清背景 沟通会议的背景、目的、形式、内容。		
挑战 不同的人持有不同的假设。	**原则** 清晰表达召集人的初心和会议目的,有助于该目的最大可能地被实现。	**关键问题** 这次会议的目的是什么? 参与者需要知道哪些信息,才能够全身心投入? 这次会议的总目的是什么? 召集人的个人目的是什么?
建造对话容器 创建一个人与人真实相遇的场域(物理环境+能量场域)。		
挑战 召集人不好意思坚持让大家遵守参与原则。	**原则** 富有生机的外在环境和清晰、共同认可的参与原则,能够增加参与者的安全感和开放度。	**关键问题** 参与者需要什么,才能在这次会议中有安全感? 什么能够让这个会场富有生机? 大家必须遵守哪些参与原则?
聆听每个人的心声 每个人在表达自己的心声时,都希望被他人听到,自己则安于当下并为自己的表达负责。		
挑战 不耐烦和评判。	**原则** 每个人的心声都是被需要的,能够揭示整体参与中的真实智慧。	**关键问题** 我们是谁?我们来这里要说什么?我们要一起做什么? 我们如何聆听每个参与者的发言? 有什么方法和工具能够让所有参与者完整地表达自己?
关键对话 在信任的氛围下,进行有意义的交流。		
挑战 自我意识过剩	**原则** 有意义的交流能够创	**关键问题** 我们准备好进入"关键对话"了吗?

续表

		我现在对什么有了觉察并保持开放的心态？（之前我并没有觉察和做到开放。）现在有什么智慧已经显现出来了？
	造彼此连接、相互依存的整体。	

共同创造		
在有共同目的和彼此信任的对话中生成"新的事物"。		
挑战 有人不全身心参与。	**原则** 生成出之前未曾有过的新事物，是创新和做出有意义的贡献的根本要素。	**关键问题** 我们在一起要共同创造出什么？ 我们如何识别并收获这些被创造出来的智慧？ 有什么新的洞见可以应用在我们彼此的关系、社群、个人生活或组织业务中？

行动承诺		
个体和集体对进一步行动做出负责任的承诺。		
挑战 缺乏协调一致。	**原则** 达成协调一致的行动会推动事情朝着大家共同希望得到的结果前行，大家也愿意对此担责。	**关键问题** 要实现高度的承诺、担责，需要做什么？ 什么是正在发生或已经被列入行动计划中的？ 要使大家更愿意去行动，我还需要采取哪些措施？

工具2：穿宝珠

作者：贝利·鲁吉·查迪玛

穿宝珠是"聆听每个人的心声"环节的工具，在线下或线上的会议中都很适用。我们如何表达、如何聆听自己和他人的声音，决定了我们如何体验这个世界。

穿宝珠是一个有古老渊源的人类活动，建立在以下两个观点的基础上：

- 每个人的生命都是神圣的；
- 每个人的心声都是重要的，为了保持完整性和平衡，每个人的心声都需要被听到、被尊重，每个人都有智慧可以分享。

在穿宝珠的练习中，很关键的是创造一个空间，让大家感到每个个体都是神圣的，每个人的心声都能够被听到。

穿宝珠唤醒人们连接彼此的关系场域，让我们进入，并允许独特的智慧、能量、机会在每一个当下呈现和生发。

穿宝珠起源于古时候人们彼此亲近和亲近大地。在不同的民族文化中，这样的活动有不同的名称和做法。穿宝珠的活动能够增强社群中的人们的力量感和幸福感。

关于穿宝珠的隐喻

请你想象有一串美丽的项链，它由许多精致的宝珠穿成。每一颗宝珠都是独特的，每一颗都为整串项链的美丽做出了它独特的贡献。

现在请你想象你就是这些宝珠中的一颗，有着你独特的天赋和才干可以分享。想象你和其他人围圈而坐，大家都是平等的，有各自的独特之处，有各自的智慧。

慢慢地，请大家顺时针传递一个话筒，谁拿到了谁就可以发言。随着每一个人轮流发言，就像是有一根丝线，把我们这每颗独立的美丽宝珠，穿成一串充满可能性、力量和智慧的项链。

穿宝珠是聚集个体成为一个有力量的、美好的整体的行动和艺术，每次的过程都不相同，每次的结果都强于单个宝珠的简单相加。

我们做穿宝珠练习时，邀请每个人在圆圈中对其他人真实地表达自己，并在别人表达的时候深度聆听。每个人轮流发言，直到所有想表达的人都发了言并被聆听到。在这个过程中，深层次的智慧将从集体中生成并浮现出来，而这些是谁都无法预期的。

这个过程也可以让我们体验到与他人深度的连接，体验到人与人之间的不同，并把这种差异看作礼物，以创造更多的智慧和更强大的力量。穿宝珠让大家有回家的感觉，每个人都能感受到一张由不同个体的生命所编制的生命之网的存在。

工具3：激发集体智慧的智慧圆圈

智慧圆圈是有效的分组讨论方法，能够帮助人们切入真正关心的议题。

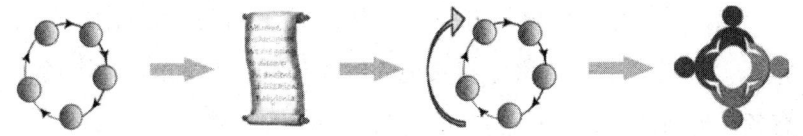

| 大家围圈而坐 | 共同回顾智慧圆圈的礼仪和对话原则 | 聆听每个人的心声 | 保持开放，进入对话 |

开启智慧圆圈的对话。

- 把椅子摆成一个圆圈，中间没有桌子，大家围圈而坐。
- 如果你愿意，可以找一个话筒，大家谈话时传递话筒。想发言的人需要拿到话筒。
- 大家共同回顾智慧圆圈的礼仪和对话原则。
- 通过"聆听每个人的心声"，大家就某一个提前确定的问题或者讨论主题轮流发言。

大家轮流发言时可以按照顺时针的方向，谈完一轮就进入下一轮，或者敞开讨论，让大家去分享从中而得的反思和洞察。

智慧圆圈的礼仪（一定要牢记在心）

- 聆听和提问好过直接给建议或者给答案；
- 发言要简洁，这样所有人都能够有均等的被聆听的机会；
- 留意建议（侃侃而谈）和智慧（有穿透感）之间的区别；
- 想说时才发言，没想好就可以说"过"；
- 深度聆听，感知正在生成的智慧；
- 允许不同人发言之间的暂停，给每个人的发言留出空间。

对话（或者会议高效）的原则

聆听：尊重每个人的发言；不急于解决问题和给建议。

暂缓评判：什么是自己不知道的？寻找让自己感到惊讶的想法。

给人与人之间的差异留出空间：目的是理解对方，对自己内心的评判保持觉察。

放慢对话节奏：允许不同人发言之间的暂停。

基于自己的经验发言：用第一人称"我"来表达。

探索新的思维和内在状态：寻找和期待惊喜发生。

相信每个人都有正向的意图。

工具 4：线上会议

线上会议可以和线下会议一样有效且让参与者有参与感，而且线上会议节省了差旅费用。现在的线上会议科技产品已经很成熟了，完全可以有效运用。召集力模型可以很好地应用于线上会议的场景中。你曾用召集力模型设计线下会议的经验可以转移到设计线上会议中。

设计线上会议的关键也是要跟随召集力的 9 个要素，为会议的每个模块写一个有明确时长的脚本：联结初心、厘清意图、真诚邀请、澄清背景、建造对话容器、聆听每个人的心声、关键对话（开放式对话、报告呈现、分组讨论等）、共同创造、行动承诺。整个设计过程需要用到每个要素的原则和关键问题。

建造对话容器是每次会议中的关键基石。人们参加线上会议时，通常处在不同的物理空间中，所以召集人营造一个线上的物理空间是很重要的。召集人可以带领大家一起回顾一下参与原则以及大家对如何参与的期待，例如是否静音或者是开启还是关闭视频，以及如何使用对话框或共享文档来辅助会议的进行。

召集会议最核心的两个角色是：召集人和参与者。召集人也可以邀请其他人担任某些角色，例如一起设计会议的人、会议设计团队成员、会议内容（含开场、主题演讲、带大家做过渡和转换练习等）的贡献者，也可以设立会议视觉记录师。

在设计一次线上会议时可以设置的辅助角色包括：

- 技术性助手或者热身助手；
- 计时员；
- 小组引导员；
- 记录员（对话框或者文档等）；
- 视觉记录员。

通过这9个环节，不管是线上会议还是线下会议，召集人都可以做出高质量的设计，让大家能够积极地投入并有很好的成果。

工具5：会议设计模板

你已经决定使用召集力模型来设计你接下来的会议了，我们很开心你将尝试这种方法，促进人们的参与和投入。下面每个步骤的问题，都可以帮助你设计和主持你的会议。

你会发现这个模板能够有效地让你的会议设计视觉化。

团队合作的9个步骤：会议设计工作模板

会议名称：

会议设计团队成员：

设计会议时需要回答的问题：

1. 联结初心

- 我是谁？我和他人的关系是怎样的？
- 我们在一起的初心是什么？
- 召集这次会议的初心是什么？

2. 厘清意图

- 召集这次会议，我最主要的意图是什么？它和我的初心是否一致？
- 在这次会议中，我们作为一个整体，会成为什么？

3. 真诚邀请

- 我要邀请谁？
- 在我发出的邀请中，核心要素是什么？
- 他们为什么要参加？

4. 澄清背景

- 这次会议的目的是什么？
- 参与者需要知道哪些信息，才能够全身心参与？
- 这次会议的总目的是什么？

5. 建造对话容器

- 参与者需要什么，才能在这次会议中有安全感？
- 什么能够让这个会场富有生机？
- 大家必须遵守哪些参与原则？

6. 聆听每个人的心声

- 我们是谁？我们来这里要说什么？我们要一起做什么？
- 我们如何聆听每个参与者的发言？
- 有什么方法和工具能够让所有参与者完整地表达自己？

7. 关键对话

- 在"关键对话"环节,我打算用怎样的方法来护持大家的对话?
- 我们准备好进入"关键对话"了吗?
- 我现在对什么有了觉察并保持开放的心态?(之前我并没有觉察和做到开放。)
- 现在有什么智慧已经显现出来了?

8. 共同创造

- 我们如何识别并收获这些被创造出来的智慧?
- 有什么新的洞见可以应用在我们彼此的关系、社群、个人生活或组织业务中?

9. 行动承诺

- 要实现高度的承诺、担责,需要什么?
- 要使大家更愿意去行动,我还需要采取哪些措施?

注释

前言

1. Peter Block, "Leading Is Convening," *Perdido* 15, no. 2 (2008).
2. *Facilitation* definition from *Encarta*, http://encarta.msn.com/encnet/features/dictionary/DictionaryResults.aspx?lextype=3&search=facilitation.

第 1 章　联结初心

1. Minx Boren, poem ©2009; written expressly for this book. From the heart, mind, and pen of Minx Boren, author of *Feeling My Way—99 Poetic Journeys* (Palm Beach Gardens, FL: Coach Minx Inc., 2008). This and other works by Minx Boren can be found at www.coachminx.com/poetry/books.html.
2. Terry Chapman, "Forging the Inner Heart"; written while engaged in the Art of Convening course, expressly as a contribution to this book, http://sabbathjourney.typepad.com.
3. Michael Bush, CEO, Whalen Co.; extemporaneous remark at the November 1999 Thought Leader Gathering, Menlo Park, CA.
4. Thanks to Terry Chapman.
5. Adapted from HeartMath, LLC, Heart Empowerment Workshop.
6. Thanks to Terry Chapman. Abraham Heschel quote from *The Sabbath* (New York: Farrar, Straus and Giroux, 2005), 17.

第 2 章　厘清意图

1. Thomas J. Hurley, "Archetypal Practices for Collective Wisdom," Collective Wisdom Initiative (2004), www.collectivewisdominitiative.org/papers/hurley_archetypal.htm (accessed May 13, 2010).
2. Pele Rouge Chadima, "Nurturing the Emergence of Collective Wisdom," Collective Wisdom Initiative, www.collectivewisdominitiative.org/papers/pele_nurturing.htm (accessed May 13, 2010).
3. Minx Boren, poem ©2009. From the heart, mind, and pen of Minx Boren, author of *Feeling My Way—99 Poetic Journeys* (Palm Beach Gardens, FL: Coach Minx Inc., 2008). This and other works by Minx Boren can be found at www.coachminx.com/poetry/books.html.

4. Eric Babinet, Salesforce.com; story written expressly as a contribution to this book.

第 3 章　真诚邀请

1. Diarmuid O'Murchu, *Quantum Theology: Spiritual Implications of the New Physics* (New York: Crossroad Publishing Co., 2004).
2. Peter Block, *Community: The Structure of Belonging* (San Francisco: Berrett-Koehler Publishers, 2009), 113.
3. "Inviting Full Presence" is a composite of stories from the field, gleaned from reports by Art of Convening participants. Names of people and organizations have been changed, but the important points of the story are true.
4. Eric Utne, founder, *Utne Reader*; story written expressly as a contribution to this book.
5. Sheila Hines Edmondson, StayWell Health Management; story written expressly as a contribution to this book.

第 4 章　澄清背景

1. Wilhelm Dilthey, *Introduction to the Human Sciences: An Attempt to Lay a Foundation for the Study of Society and History* (Detroit: Wayne State University Press, 1989).
2. A. R. Ammons, *Tape for the Turn of the Year* (New York: W. W. Norton, 1994).
3. This is our personal adaptation of the Institute of HeartMath®'s Freeze-Frame® technique and has been included by written agreement with the Institute.

第 5 章　建造对话容器

1. Doc Childre and Howard Martin, *The HeartMath Solution* (New York: HarperOne, 2000).
2. Peter Block, *The Answer to How Is Yes: Acting on What Matters* (San Francisco: Berrett-Koehler Publishers, 2003), 178.
3. Bev Scott, Bev Scott Consulting, author of *Consulting on the Inside* (Alexandria, VA: ASTD Press, 2000) and founder of "The 3rd Act Workshop Series"; written expressly as a contribution to this book.
4. Pele Rouge Chadima, from the online essay, "Nurturing the Emergence of Collective Wisdom," www.collectivewisdominitiative.org/papers/pele_nurturing.htm.
5. Minx Boren, poem ©2009. From the heart, mind, and pen of Minx

Boren, author of *Feeling My Way—99 Poetic Journeys* (Palm Beach Gardens, FL: Coach Minx Inc., 2008). This and other works by Minx Boren can be found at www.coachminx.com/poetry/books.html.
6. "The Virtual Campfire" is an abridgment of the account of an actual Art of Convening training session.

第 6 章　聆听每个人的心声

1. "The Retreat" is a composite of stories from the field gleaned from reports by Art of Convening participants. Names of people and/or organizations have been changed, but the important points of the story are true.
2. Otto Scharmer, Peter Senge, Frank Jaworski and Betty Sue Flowers, *Presence: Human Purpose and the Field of the Future* (San Francisco: Berrett-Koehler Publishers, 2004), 11.
3. Sue Patton Thoele, *The Woman's Book of Courage: Meditations for Empowerment and Peace of Mind* (Newburyport, MA: Conari, 2003).
4. "A Joyful Hearing" is a composite of stories from the field gleaned from reports by Art of Convening participants. Names of people and/or organizations are changed, but the important points of the story are true.
5. Paul G. Ward, transformation consultant and life coach; story written expressly as a contribution to this book.
6. Stringing the Beads as a practice is the subject of a forthcoming book by Pele Rouge Chadima, *Resonance* (www.resonance.to). A full explanation of Stringing the Beads is included in "Arrows for Your Quiver." Although this practice is found in many cultures, it is most known by name in indigenous cultures. The form that we adapted here was passed on to us by Pele Rouge and FireHawk, teachers of the Delicate Lodge tradition.

第 7 章　关键对话

1. "Extrovert/Introvert Dilemma" was adapted from a story relayed by Pam Hull, HealthEast Care System.
2. Anne Griswold; written expressly as a contribution to this book, at the conclusion of an Art of Convening training conducted for LifeScan Corporation.
3. Lauren Patterson, Service-Learning Initiative of Southwest Colorado; story written expressly as a contribution to this book.

第 8 章 共同创造

1. Brenda Ueland, *Strength to Your Sword Arm: Selected Writings* (Duluth, MN: Holy Cow! Press, 1996).
2. Elizabeth Becker, Becker & Company; written expressly as a contribution to this book.

第 9 章 行动承诺

1. Minx Boren, poem ©2009. From the heart, mind, and pen of Minx Boren, author of *Feeling My Way—99 Poetic Journeys* (Palm Beach Gardens, FL: Coach Minx Inc., 2008). This and other works by Minx Boren can be found at www.coachminx.com/poetry/books.html.
2. Myron Lowe, IT Director, University of Minnesota; written expressly as a contribution to this book.
3. "Good Will Finding" is a composite of stories from the field gleaned from reports by Art of Convening participants and Craig's personal experience. Names of people and/or organizations are changed, but the important points of the story are true.
4. "A Commitment to Courage," by Lauren Kettner, employee communications specialist, LifeScan, Inc.; story written expressly as a contribution to this book.

我们的邀请

1. Jalal al-Din Rumi, *The Essential Rumi*, trans. Coleman Barks (New York: HarperOne, 1997).
2. Hopi Elders' Prophecy; Oraibi, Arizona; June 8, 2000.

术语表

以下术语都有其通用的定义,以下的解释仅为其在本书中的含义。

担责(Accountability)

为自己、为与他人的关系承担责任,以保证自己身心一致、言行一致。

彼此看见(Arc of Recognition)

参会的每位参与者都能够看到和接纳其他人真实的样子,同时也能让其他人看到自己完整的样子。

要素(Aspect)

召集力模型中任意一个元素。

联结初心(At the Heart of the Matter)

在与他人的关系中,我是谁?我的初心是什么?大家为什么要在一起?

自我主宰(Authority)

不是权力,而是对自己生命的掌控。

呼召（Calling）

对某项职业、副业或者活动抱有的那种超越其他一切的热情。

挑战（Challenge）

在召集力模型中的每一个要素里遇到的最主要的障碍。

厘清意图（Clarifying Intent）

使我们的初心和会议的意图相一致。

一致性（Coherence）

保持原则、关系和利益上的一致，保持逻辑和美感上的一致。

行动承诺（Commitment to Action）

个人的或者集体的承诺，表明愿意承担责任，采取推进行动。

对话容器（Container）

人们聚集在其中的物理空间和心理空间。

召集力（Convening）

邀请大家参与会议或聚会，并现场主持，让大家能够真实参与的能力。

召集力模型（Convening Wheel）

召集力方法论的模型，像车轮一样，中间有1个要素，周围有8个要素。

核心元素（Core Elements）

召集力模型的每个要素有几个核心元素：挑战、原则、关键问题。

建造对话容器（Creating the Container）

为会议创建物理的和能量上的对话场域。

共同创造（Creation）

人们能够在共享的目的和相互信任的基础上，彼此互动、对话，从而有新的成果。

能量场域（Energetic field）(Energetic container)

人们内心中的对话容器，包括大家共同约定的参与原则，该参与原则为会议提供了边界。

本质（Essence）

对"我是谁？""我和他人的关系是怎样的？"的回答，是关于我们的身份认同的内在声音，贯穿于所有我们召集的会议中。

关键对话（Essential Conversation）

在信任的氛围中有意义的对话。

引导（Facilitation）

让事情变得更容易的过程。

场域（Field）

人们聚会所占用的空间。

聚会（Gathering）

两人及两人以上为了某个目的聚在一起。

起源（Genesis）

源头。起源故事是指某件事情最早的起源历史。

聆听每个人的心声（Hearing All the Voices）

每个人发言，同时也被他人聆听；自己能安于当下，对自己所说的负责。

守护（Hold）

坚定地以真诚的状态陪伴参与者，保证现场的安全和令大家最大限度地安于当下。

目的（Intention）

我们希望自己的行动、语言、内在状态能够带来的结果。

邀请信（Invitation）

带着会议意图和自己的初心，向参与者发出的诚挚的邀请。

个人日记（Journal keeping）

记录自己的想法和体验；不只是写日记或记录事件，而是一种聆听自己的练习。

安于当下（Presence）

一种保持全然觉察、关注到自己当下所处环境的状态。

初心（Purpose）

通常的意思是"目的"；在召集力中，对于召集人而言，就是"我是谁？""我和他人的关系是怎样的？"。

共鸣（Resonance）

大家对某件事情、某个想法有一种相通的理解和感受。

澄清背景（Setting Context）

向大家介绍会议的目的、背景、议程安排等。

穿宝珠（Stringing the Beads）

这是聆听每个人心声的方法，它把参会的每个人比喻成一颗独特的宝珠，让大家想象有根丝线，在每个人发言后，把大家穿在一起，形成一根完整的项链。

转变（Transformation）

思想层面、感受层面、理解层面都发生了根本性的、持久性的改变，这种改变会对生命的品质产生可见的、持久的影响。

过渡和转换（Transition）

在会议每项议程之间的间隙，邀请参与者从一种状态转换到另一种状态（物理的、头脑的、精神层面的）。

过渡和转换练习（Transition Exercise）

可能是一首诗、一段冥想、一个视觉化引导，或是四肢的伸展、简短的呼吸练习，能够帮助人们重新安于当下，更新自己的状态，准备好进入下一个议题。

推荐阅读

Baldwin, Christina. *Calling the Circle: The First and Future Culture.* Columbus, NC: Swan Raven, 1994.

Baldwin, Christina, and Ann Linnea. *The Circle Way: A Leader in Every Chair.* San Francisco: Berrett-Koehler, 2010.

Barnes, Peter. *Capitalism 3.0: A Guide to Reclaiming the Commons.* San Francisco: Berrett-Koehler, 2006.

Barrett, Richard. *Building a Values-Driven Organization: A Whole System Approach to Cultural Transformation.* Burlington, MA: Butterworth-Heinemann/Elsevier, 2006.

Block, Peter. *The Answer to How Is Yes: Acting on What Matters.* San Francisco: Berrett-Koehler, 2003.

———. *Community: The Structure of Belonging.* San Francisco: Berrett-Koehler, 2008.

Bohm, David. *Wholeness and the Implicate Order.* New York: Routledge, 1980.

Boren, Minx. *Ripe: A Collection of Passionate Poetry and Pears.* Xlibris, 2005.

———. *Feeling My Way—99 Poetic Journeys.* www.CoachMinx.com/poetry/books.html, 2008.

Briskin, Alan, et al. *The Power of Collective Wisdom: And the Trap of Collective Folly.* San Francisco: Berrett-Koehler, 2009.

Brown, Juanita, David Isaacs, and the World Café Community. *The World Café: Shaping Our Futures Through Conversations That Matter.* San Francisco: Berrett-Koehler, 2005.

Cooperrider, David L., and Diana Whitney. *Appreciative Inquiry: A Positive Revolution in Change.* San Francisco: Berrett-Koehler, 2005.

Fox, Matthew. *The Reinvention of Work: A New Vision of Livelihood for Our Time.* San Francisco: HarperSanFrancisco, 1994.

Fromm, Erich. *The Art of Loving.* New York: Perennial, 2000.

Holman, Peggy, Tom Devane, and Steven Cady. *The Change Handbook: The Definitive Resource on Today's Best Methods for Engaging Whole*

Systems. San Francisco: Berrett-Koehler, 2007.

Jones, Michael. *Artful Leadership: Awakening the Commons of the Imagination*. Bloomington, IN: Trafford, 2006

Kabat-Zinn, Jon. *Mindfulness Meditation: Cultivating the Wisdom of Your Body and Mind*. CD. Niles, IL: Nightingale-Conant, 2002.

Leider, Richard J. *Claiming Your Place at the Fire: Living the Second Half of Your Life on Purpose*. San Francisco: Berrett-Koehler, 2004.

———. *The Power of Purpose: Find Meaning, Live Longer, Better*. San Francisco: Berrett-Koehler, 2010.

Moore Lappé, Frances. *You Have the Power: Choosing Courage in a Culture of Fear*. New York: Tarcher/Penguin, 2005.

O'Donohue, John. *Beauty: The Invisible Embrace*. New York: HarperCollins, 2004.

Owen, Harrison. *Open Space Technology: A User's Guide*. San Francisco: Berrett-Koehler, 2008.

Palmer, Parker J. *A Hidden Wholeness: The Journey Toward an Undivided Life*. San Francisco: Jossey-Bass, 2004.

Perron, Mari, and Dan Odegard. *A Course of Love*. Minneapolis, MN: Itasca Books, 2006.

Ray, Michael. *The Highest Goal: The Secret That Sustains You in Every Moment*. San Francisco: Berrett-Koehler, 2004.

Rechelbacher, Horst M., Ellen Daly, and Victor J. Zurbel. *Alivelihood: The Art of Sustainable Success*. Minneapolis: HMR, 2005.

Renesch, John. *Getting to the Better Future: A Matter of Conscious Choosing*. San Francisco: NewBusinessBooks, 2000.

Scharmer, C. Otto. *Theory U: Leading from the Future as It Emerges*. Cambridge: Society for Organizational Learning, 2007.

Scott, Beverly. *Consulting on the Inside: An Internal Consultant's Guide to Living and Working Inside Organizations*. Alexandria, VA: American Society for Training & Development, 2000.

Senge, Peter, et al. *Presence: Human Purpose and the Field of the Future*. Cambridge: Currency/Doubleday, 2004.

Sibbet, David. *Visual Meetings: How Graphics, Sticky Notes and Idea Mapping Can Transform Group Productivity*. New York: John Wiley & Sons, 2010.

Stanfield, R. Brian, ed. *The Art of Focused Conversation: 100 Ways to Access Group Wisdom in the Workplace*. Gabriola Island, BC, Canada: New

Society, 2000.

Tolle, Eckhart. *The Power of Now: A Guide to Spiritual Enlightenment.* Novato, CA: New World Library, 1999.

Wagner, David. *Life as a Daymaker: How to Change the World Simply by Making Someone's Day.* San Diego, CA: Jodere Group, 2003.

Wheatley, Margaret J. *Turning to One Another: Simple Conversations to Restore Hope to the Future.* San Francisco: Berrett-Koehler, 2002.

WindEagle and RainbowHawk. *Heart Seeds: A Message from the Ancestors.* Minneapolis: Beaver's Pond, 2003.

从事与对话、召集力相关的优异个人和组织

世界各地有一些做得非常棒的个人和组织,他们的工作与召集力相关,我们把他们列在下面,并保留他们的英文,方便大家在网上搜索。

10TH DOT

10th Dot 这家机构对协作有了新的探索。它通过整体的、系统的和古老的教导和练习,促进个人和集体的转变。(https://www.10thdot.com/)

APPRECIATIVE INQUIRY(欣赏式探询)

欣赏式探询通过探询系统中的优势、机会和成功要素,引发整个系统的改变,也凸显了由人组成的组织的整体性。(https://appreciativeinquiry.champlain.edu/)

PRIYA PARKER(普里娅·派克)

普里娅·派克是 Thrive Labs 的创始人,她帮助人们召集有转变作用的聚会。她的方法改变了人们聚在一起时的方式,无论是在工作中,还是在家里,或是在社区。(https://www.priyaparker.com/)

THE ART OF HOSTING（主持的艺术）

这个社群提供了一套从个人到系统的主持对话的方法，用于引导与创新有复杂问题的团队共创。（http://www.artofhosting.org/）

CHRISTINA BALDWIN（克利斯蒂娜），ANN LINNEA（安），PEERSPIRIT

PeerSpirit 是一家教育机构，致力帮助商业和个人团体进行高质量对话，目的是创造一个对话空间，使转变能够发生。PeerSpirit 和围圈对话法（The Circle Way Process）是克利斯蒂娜和安的工作结晶。（https://peerspirit.com/）

RICHARD BARRETT（理查德·巴瑞特），BARRETT VALUES CENTRE（巴瑞特价值观中心）

我们第一次遇见理查德时他还在世界银行做价值观协调官。他是我们使命领导力中心理事会早期的成员。受马斯洛的需求层次模型启发，他设计出了7层价值观模型。他在系统文化变革方面得到了全球政府机关和大型经济实体的赞誉。（https://www.barrettacademy.com/;https://www.valuescentre.com/）

THE BERKANA INSTITUTE（伯卡纳研究所）

伯卡纳研究所和它的合伙人倡导运用社群精神解决各种问题，对于未知的未来，创建人与人之间坚实且持续的关系，通过建立

有韧性的社群，明智地守护地球资源。(https://berkana.org/)

BERRETT-KOEHLER FOUNDATION（贝雷特-科勒基金会）

贝雷特-科勒基金会是具有实验性、主张社会公义的学习驱动型组织。该组织把有思想的社群建设者汇聚在一起，通过提供相应的社群资源，创造一个促进个人和集体成长、学习的空间。（https://www.bkfoundation.org/）

BERRETT-KOEHLER（贝雷特-科勒出版公司）

贝雷特-科勒出版公司是一家独立出版商，它的使命是连接人们和人们的思想，创造一个造福所有人的世界。（https://www.bkconnection.com/）

PETER BLOCK（彼得·布洛克）

彼得的工作和书籍曾经是启发召集力的最重要源头，他的深刻思考对我们发展召集力模型并使之成熟起到了关键作用。他的教导对我们太重要了，我们常常会引用他的一些金句。（https://www.peterblock.com/）

ALAN BRISKIN（艾伦·布瑞斯肯）

他是我们认识40多年的老朋友，给本书提供了很多灵感和激励。他是集体智慧项目（Collective Wisdom Initiative）的发起人，

也是咨询顾问、艺术家和研究者。(http://www.alanbriskin.com/)

COLLABORATIVE CHANGE LIBRARY（合作式变革图书馆）

它是一个全球性的元社群（社群的社群），致力推动合作式变革。(https://nexus4change.com/)

COLLECTIVE WISDOM INITIATIVE（集体智慧项目）

集体智慧项目相信存在一种集体意识的场域，该场域通过一种隐喻来表达，是真实且有影响力的。当人们与这种场域协调一致时，人们就会对人与人之间的关系有更深入的理解，对生命以及集体智慧之源有深入的理解。(http://www.collectivewisdominitiative.com/)

HEARTMATH

HeartMath 致力改善人们在工作、家庭中的健康、绩效和幸福状态。它发现人们的心律模式最能有效反映人的内在状态。(https://www.heartmath.com/)

HOLACRACY，合弄制

Holacracy 提供了一个扎实的框架，用于实现自治管理、敏捷性，并使公司的使命和公司的基因相匹配。(https://www.holacracy.org/)

RICHARD LEIDER（理查德·莱德）

理查德是教练领域的传奇人物，也是当代教练行业的先驱者之一。他致力推动组织的转型。他是我们使命领导力中心的老朋友，见证了我们个人生活和公司业务的很多次转变。每次我们向他征询他极富智慧的意见时，他的建议总是那么精准和发人深省。阅读他的书籍对高阶召集力训练和使命领导力发展是很有用的。（https://richardleider.com/）

AMY LENZO（艾米·伦佐），美的对话项目

艾米在使命领导力中心成立早期就是我们的专业伙伴。她把美和爱带入线上的会议和培训中，是这个领域的开拓者。（https://www.wedialogue.com/，https://beautydialogues.com/）

NATIONAL COALITION FOR DIALOGUE & DELIBERATION（NCDD，国家对话与慎思协会）

NCDD 是一个专业网络平台，聚集了一批创新者，志在跨领域解决当前最困难的挑战议题。这个机构相信提升组织、社会中人的思考品质和对话品质，可以解决人类面临的大多数急迫的问题。（http://ncdd.org/）

HARRISON OWEN（哈里森·欧文），开放空间技术

40 年来，哈里森一直保持着对自己和这个世界的探索，寻找

各种方法,以更深入地理解我们是谁、我们如何更加有效地带着意义和目的生活。(https://www.openspaceworld.com/)

PARKER PALMER(帕克·帕尔默),勇气更新中心

帕克的"害羞的灵魂"(shy soul)和"信任圆圈"(circles of trust)是对人类意识进化的巨大贡献。他探索的就是召集力的灵魂。他的著作《隐藏的完整性》(*A Hidden Wholeness*)深深地影响了召集力模型的诞生。帕克是勇气更新中心(Center for Courage & Renewal)的创始人,该中心提供滋养人心灵的领导力课程。他的另一本著作是《教学勇气》,在中国教育领域很有影响力。(http://www.couragerenewal.org/)

THE PRESENCING INSTITUTE(自然流现学院)

自然流现学院是一家全球性行动研究社群,致力研究深度的社会创新和变革。他们相信可以创造出服务所有人福祉的成果。他们共同创造了一些创新实验室,提供了能力发展项目,主持世界性的行动研究,支持大规模的社会创新。(https://www.presencing.org/)

MICHAEL RAY(迈克尔·瑞)

迈克尔是斯坦福大学教授,教授商业创新。他是值得我们信赖的顾问,对未来富有远见。使命领导力中心在旧金山湾区启动

的时候，他给了我们鼓励和支持，促使我们为自己发声。（https://www.gsb.stanford.edu/faculty-research/faculty/michael-l-ray）

REINVENTING ORGANIZATIONS（《重塑组织》）

《重塑组织：进化型组织的创建之道》，作者是弗雷德里克·莱卢（Frédéric Laloux）。该书整理出人类组织在进化过程中的不同范式，并提出了一种新型的组织范式：青色组织。（https://www.reinventingorganizations.com/）

JOHN RENESCH（约翰·伦勒希）

约翰在觉醒领导力领域耕耘多年，是这个领域的先行者，写有多本著作。同时，他也是使命领导力中心的积极支持者。他是一位导师、作家、未来学者，主要研究社会和组织的变革。（http://renesch.com/）

OTTO SCHARMER（奥托·夏莫）

奥托是自然流现学院的创始人，也是《U型理论》的作者。他的思想对于我们发展出召集力培训课程产生了非常重要的影响。（https://www.ottoscharmer.com）

DAVID SIBBET（大卫·西贝特）

大卫是视觉引导之父，也是使命领导力中心的创始会员。他的机构 Grove 在旧金山，为组织、团队、个人提供视觉化的变革咨询和服务。（https://www.thegrove.com/）

TIMELESS EARTH WISDOM（地球永恒智慧）

贝利（Pele）和法尔霍克（FireHawk）这两位睿智的老人创建了地球永恒智慧组织。他们认为，人生的召唤传承自地球的智慧。他们的教导深深地影响了我们对召集力的探索。（https://www.centerfortimelessearthwisdom.org/）

MARGARET WHEATLEY（玛格丽特·惠特尼）

玛格丽特是一位组织行为学作家、管理咨询顾问。她的研究包括系统思考、变革理论、混沌理论、领导力、学习型组织以及自组织。她的著作有《领导力与新科学》。（https://margaretwheatley.com/）

JUANITA BROWN，DAVID ISAACS（朱安妮塔·布朗和戴维·伊萨克），WORLD CAFE（《世界咖啡》）

《世界咖啡：创造集体智慧的会谈方法》（*The World Café: Shaping Our Futures Through Conversations That Matter*）作者朱安妮塔·布朗和戴维·伊萨克使我们对会议的认知产生了革命性的转变。世界咖啡会谈方法是基于生命系统的思考方法，旨在用创新的方式创造富有动力的对话，可以就真正重要的议题激发出集体的智慧。（http://www.theworldcafe.com/）

关于作者

克雷格·尼尔

克雷格·尼尔是一位充满热情的变革领导者、出版业高管、作家、培训师、高管教练。他的客户认为克雷格为他们的工作和生活提供了非常大的帮助。

克雷格帮助领导者们整合他们自己内在的召唤,最大化地释放出他们在组织中的领导力。1995年,克雷格和帕特丽夏共同创办了使命领导力中心,以帮助领导者和组织创建使命驱动、信任与合作、富有生机的文化,帮助他们找到重要议题的真正解决方案。

克雷格擅长:

- 变革领导力,他是变革管理催化师和领导力发展顾问,为客户召集重要的团队协作会议,促进组织系统的转型,激发创新,解决最有挑战的困难议题。
- 领导者的召集力:2004年,克雷格启动了召集力培训,也开启了独特的线上课程。截至目前,已经有超过1000位团队领导者完成了对召集力的学习。
- 思想领袖研修会:1998年,使命领导力中心开始在明尼苏达州举办思想领袖研修会,18年里举办了近220场。克雷格教练过100多位高管,在明尼苏达州和加利福尼亚州湾区主持过各种会员制的领导者活动,有超过 4000 位领导者参加。
- 专业化的领导工作。克雷格曾经在出版行业担任过多个领导职务。在那段时间,他参与创办了明尼苏达州杂志出版商协会,为协会社会责任部的创始董事成员。他为若干所华德福学校的发展提供了帮助并产生了较大影响。

如需联系克雷格,请访问:http://centerforpurposefulleadership.com。

辛西娅·沃尔德

辛西娅是一位诗人、作家、思想领袖、教练。她的兴趣在于通过协作、对话、召集聚会,把人们聚集在一起,创建一种完整感,使人们有意识地进化。她在明尼苏达大学获得心理学学士学位。她在明尼苏达州立城市大学进修,在那里基于跨学科的视角研究"爱"。

辛西娅从 2007 年开始成为一名召集力的实践者。她与克雷格和帕特丽夏一同开发出召集力模型,并共同撰写了《召集力》。从 2012 年起,她在召集力社群中作为设计团队成员,担任领导、教练和顾问的角色。

她参与成立了一个写作论坛 Scribble River,在一种信任和合作的氛围下,帮助人做自我探索。她也参与了 ACHALA(看护人伤害疗愈法）的实践，鼓励在看护中受到伤害的人们，使之能够展开坦诚的对话。

辛西娅和她的丈夫汤姆（Tom）住在明尼苏达州的明尼阿波里斯市。她热爱徒步旅行，视大自然为朋友和疗愈者。

帕特丽夏·尼尔

帕特丽夏的专长既包括促进个人改变，也包括促进组织变革。她和个人、团队一起工作，提升他们对这个世界的正向影响力，促进人们感受到创造力的激发和生命力的焕发。

帕特丽夏专注于通过课程、项目设计来促进使命领导力中心的发展。所有使命领导力中心的课程和项目设计都致力创造一个造福所有人的世界。

帕特丽夏是《召集力》的作者之一。她已经为思想领袖静修营和转化式领导者联合实验室里的高级管理者们提供了15年的教练服务。

最近，帕特丽夏创建了召集力学院，为召集力的学员和实践者提供一个交流社群，促进大家进一步精进自己的召集力和领导力。

帕特丽夏学习过各种团队引导技术和社群管理方法，包括召集力实践训练、转变的六举措、面向投资利润率的教练辅导、对话智商、世界咖啡会谈方法、参与式技术、开放空间会议、U型理论等。

帕特丽夏也是若干协会的活跃会员，如双子城培训与发展协会、职场包容论坛、对话和审议协会等。她对3所华德福学校的发展有一定的影响。

如需联系帕特丽夏，请访问：http://centerforpurposefulleadership.com。

关于使命领导力中心

在使命领导力中心，我们支持领导者和各种组织创建使命驱动、高信任度、善合作、富有生机的企业文化，为他们提供真正有效的问题解决方案。

我们期待听到你们的声音，请访问我们的网站：https://centerforpurposefulleadership.org/。

致谢

我们首先感谢那些曾经对本书的创作做出了直接贡献的人，也要感谢那些对本书产生影响的人，感谢他们的智慧、爱和支持。

我们也要感谢任伟先生，他带着热情把这本书带给中国读者。作为认证召集力带领者，他对召集力原则和实践的理解让这本书增色不少。

我们也感谢本书的英文版编辑史蒂夫，他鼓励我们撰写本书。他的耐心陪伴和娴熟的指导让我们心怀敬意。

我们也感谢所有参加过召集力培训的学员，是大家共同建设了召集力实践社群，并不断深化这方面的实践。书中大部分故事、引文和诗，都来自这个社群。

召集力的培训师明克斯·鲍瑞恩、克劳迪娅·泰利·查普曼和安·玛丽·斯图尔特为召集力的演进贡献了很多真知灼见。明克斯是轮状召集力模型的主要构思者。

我们现在已经有一批中国的召集力学员，也期待中国有更多的召集力践行者。

我们感谢这本书的审阅者：Tom Atchison、Minx Boren、Sandy Chase、Jeffrey Cufaude、Marisa Handler、Heather Pamula Neal、Steve Piersanti、Amol Ray、Jeevan Sivasubramaniam、Leigh Wilkinson。

我们也感谢本书的中文编辑马颖女士。

图书在版编目（CIP）数据

召集力 /（美）克雷格·尼尔（CRAIG NEAL），（美）帕特丽夏·尼尔（PATRICIA NEAL）等著；任伟译.—北京：华夏出版社有限公司，2021.5（2023.6 重印）

书名原文: The Art of Convening
ISBN 978-7-5080-9998-9

Ⅰ.①召… Ⅱ.①克…②帕…③任…Ⅲ.①心理学—通俗读物 Ⅳ.①B84-49

中国版本图书馆 CIP 数据核字(2021)第 048220 号

Copyright © 2011 by Craig Neal and Patricia Neal
Copyright licensed by Berrett-Koehler Publishers arranged with Andrew Nurnberg Associates International Limited
简体中文版权©2021 华夏出版社有限公司

版权所有 翻印必究

北京市版权局著作权合同登记号：图字 01-2019-1014 号

召 集 力

作　　者	[美]克雷格·尼尔　[美]辛西娅·沃尔德　[美]帕特丽夏·尼尔
译　　者	任　伟
责任编辑	马　颖
责任印制	刘　洋
出版发行	华夏出版社有限公司
经　　销	新华书店
印　　刷	三河市万龙印装有限公司
装　　订	三河市万龙印装有限公司
版　　次	2021 年 5 月北京第 1 版　2023 年 6 月北京第 2 次印刷
开　　本	880×1230　1/32 开
印　　张	8
字　　数	230 千字
定　　价	69.00 元

华夏出版社有限公司　地址：北京市东直门外香河园北里 4 号　邮编：100028
网址：www.hxph.com.cn　　电话：（010）64663331（转）
若发现本版图书有印装质量问题，请与我社营销中心联系调换。